日本、韩国、新加坡教育类超级畅销书
全亚洲睿智父母首选

优秀儿童的时间管理秘诀

一张改变孩子命运的时间表

（日）铃木博道 主编（日）中畑千弘 著
祁焱 译

漓江出版社

桂图登字：20-2010-062
图书在版编目（CIP）数据

优秀儿童的时间管理秘诀 /（日）铃木博道主编；（日）中畑千弘著；祁焱译 .-- 桂林：漓江出版社，2017.7（2019.11 重印）
ISBN 978-7-5407-8151-4

Ⅰ . ①优… Ⅱ . ①铃… ②中… ③祁… Ⅲ . ①时间—管理—儿童读物 Ⅳ . ① C935-49

中国版本图书馆 CIP 数据核字（2017）第 161970 号

优秀儿童的时间管理秘诀——一张改变孩子命运的时间表

主　　编：（日）铃木博道
作　　者：（日）中畑千弘
译　　者：祁　焱
责任编辑：周群芳
装帧设计：红十月设计工作室
责任监印：黄菲菲

出 版 人：刘迪才
出版发行：漓江出版社有限公司
社　　址：广西桂林市南环路22号
邮　　编：541002
发行电话：0773-2583322　010-85893190
传　　真：0773-2582200　010-85890870-614
邮购热线：0773-2583322
电子信箱：ljcbs@163.com
微信公众号：lijiangpress
印　　制：香河闻泰印刷包装有限公司
开　　本：880 × 1230　1/32　印　　张：4.5　字　　数：55千字
版　　次：2017年7月第1版　印　　次：2019年11月第3次印刷
书　　号：ISBN 978-7-5407-8151-4
定　　价：28.00元

推荐语

假如我们能预知自己生命的长度，相信每个人都会很好地规划时间。然而，虽说生命短暂的道理人人皆知，这世界上能把有限的人生活出无限精彩、让人生不留遗憾的“聪明人”却少得可怜。人生岁月不知不觉悄然流逝，日子过得混混沌沌，回首，人生的不同阶段有多少梦——未圆！谁之错？究其根源，并非是谁的智商低愚笨不够聪明，而是我们太怠慢生命，忘了用心生活，有效管理时间。

一切都还不晚！从今天、此时我们便可以为自己设定精彩人生的目标；从今朝、当下我们便可以着手帮助孩子建立健康高效的时间表，用那些优秀的品质帮助自己、帮助下一代打造强健骨骼，使优良行为如同呼吸空气一般自然。

让优良习惯与人生相伴，活出精彩无限！

国际象棋世界冠军

心理学博士　　　　　　谢军

教育学博士后

目录

目录

目录

前言

“我小时候就学习不好，我们家孩子学习不好也是没办法的事啊。”

“我就没上过什么好大学，也没办法指望我们家孩子金榜题名啊。”

妈妈们聚在一起的时候，我常常会听到这样的话。果真像她们说的那样吗?

其实不尽然。我周围有一些朋友，虽然父母都没怎么上过学，孩子却考入了东京大学。这就是所谓的“鸡窝里飞出金凤凰”吧?

我对很多优秀儿童的父母进行调查，发现他们有一些共同之处，那就是，在孩子 10 岁之前，他们让孩子具备了两个能力，一个是目标管理能力，一个是集中注意力的能力。而且，只要稍微注意改变一下孩子的日常生活习惯，这些能力是完全可以培养出来的。

我之所以得出这个结论，是源于一次针对优秀儿童的学习行为模式所进行的大型市场调查和研究。

由于工作关系，在 12 年里，我接触研究了超过 5 万例“优秀儿童的学习行为模式”。研究结果让我更加确信，即使父母的学习能力不强，也并不能代表其孩子就不能成为学习能力强的优秀儿童。

于是，我们又对东京范围内家里有从上幼儿园的孩子到初中三年级学生的 2534 个家庭进行了问卷调查，有的还当面进行了采访，主要了解孩子们平时的学习态度以及生活习惯。

后来，这次调查的结果也验证了我长期研究得出的结论。

那就是，优秀的孩子、考上好学校的孩子，他们并不会受到家长学习能力的影响，他们成功的原因，是他们自己从小养成的生活习惯！

比如，每天坚持同一时间起床，同一时间吃点心，同一时间就寝……有的孩子从小就养成了这样规律的生活习惯。那些优秀的儿童，就是能把这些细小的事情做好的孩子。

还有，最重要的是，这些习惯必须在 10 岁之前培养成功。因为有必要早一点让孩子们认识到，自己是“优秀的孩子”。只要把自己列入了“优秀孩子”的行列，以后即使父母不刻意鞭策，他也会被那些“优秀朋友”拉着向前走。

另外，意识到自己是“优秀孩子”，还会有一个好处，那就是孩子能获得很大的自信。这种自信可以帮助他战胜今后人生中的种种困难，使他勇往直前。

开头我也提到，在进行问卷调查和采访时，听到很多妈妈说：“唉，我又没怎么上过学……”对此，我总是觉得很遗憾，因为我想，无论什么样的孩子，都是可以成为优秀儿童的。

也许我的说法有点绝对，但是我确实认为，那些说自己“没有什么学历”的家长，是把这个作为自己不能好好引导孩子的借口。由于家长这种不负责任的托词，也许会使一个本来可能成为优秀儿童的孩子失去机会。

任何一个孩子的成长都潜藏着无限的可能性。

有的孩子擅长体育，有的孩子擅长音乐，有的孩子擅长绘画。擅长，说明他在那方面有才能。父母的任务就是要帮助发展他那方面的才能。

但是，学习是不需要才能的。正像调查结果显示的那样，只要有良好的生活习惯，什么样的孩子都可以成为学习好的孩子。比起赛跑得第一名，或者唱歌得第一名来，其实学习得第一名是最简单的。

可是，人们为什么总要拿父母的学习能力来衡量孩子的学习能力呢？其实，很多学历高的家长小时候也是被规规矩矩地教育出来的。所以，他们成人以后大多也过着规规矩矩的生活，并且要求自己的孩子也以同样的方式生活。也就是说，“遗传”下来的并不是学习能力，而是生活习惯，即时间表。

那么，“优秀儿童”的时间表和“不够优秀儿童”的时间表有什么不同呢？下面我介绍这两个方面的一些典型例子。

我准备了两个模式。一个是幼儿园孩子模式，一个是小学低年级学生模式。您可以根据自己孩子的年龄进行参考。

“优秀儿童”的时间表（幼儿园孩子）

妈妈 起床时间……6 点左右 就寝时间……23 点左右

孩子 起床时间……7 点 30 分左右 就寝时间……21 点左右

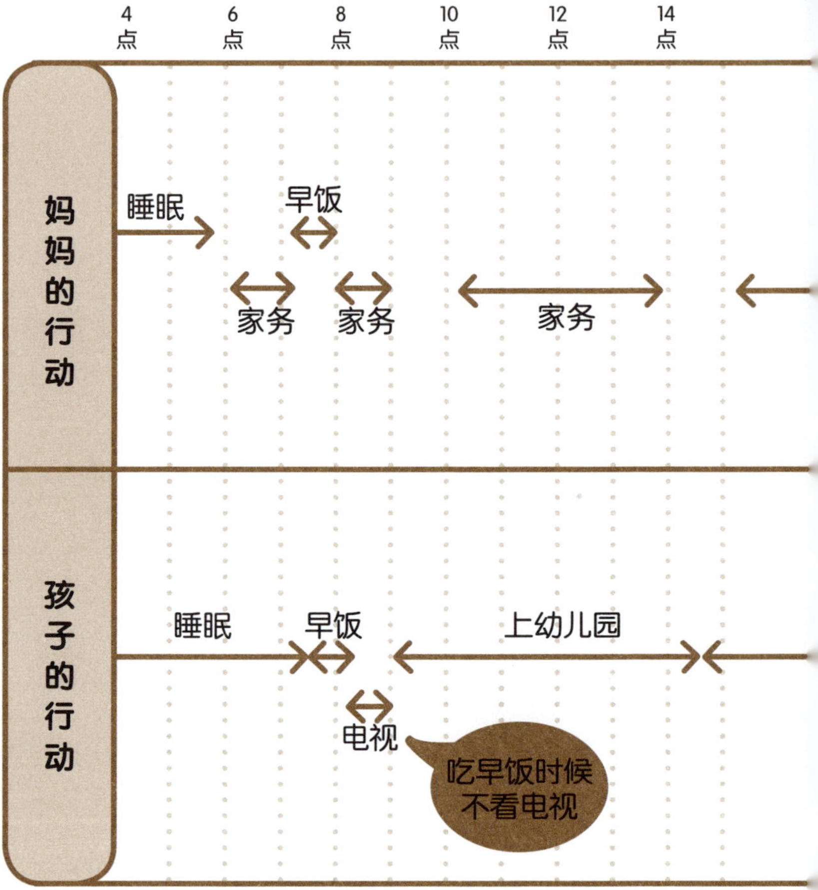

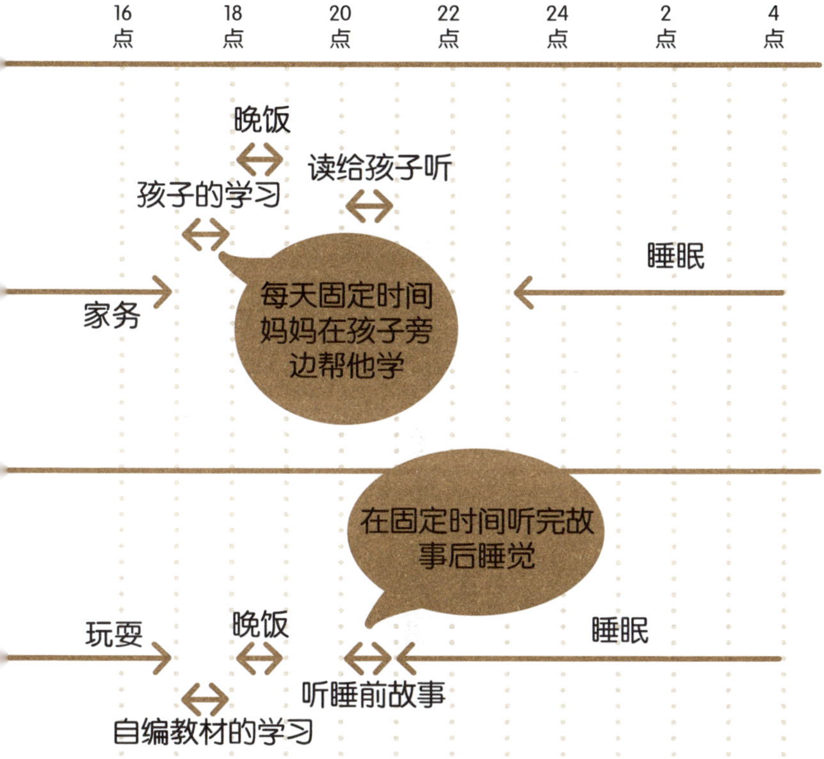
16点
18点
20点
22点
24点
2点
4点
晚饭
读给孩子听
孩子的学习
睡眠
家务
每天固定时间妈妈在孩子旁边帮他学
在固定时间听完故事后睡觉
玩耍
晚饭
睡眠
听睡前故事
自编教材的学习

“优秀儿童”的时间表（小学低年级学生

妈妈　起床时间……5 点 30 分左右　　就寝时间……23 点左右

孩子　起床时间……6 点左右　　就寝时间……21 点左右

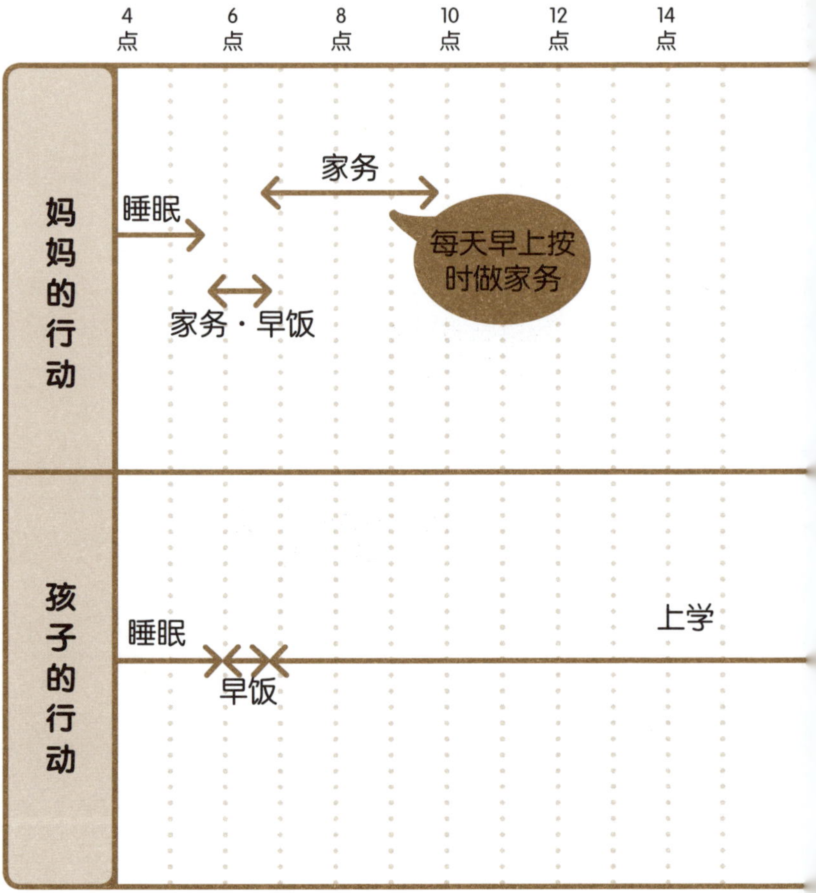

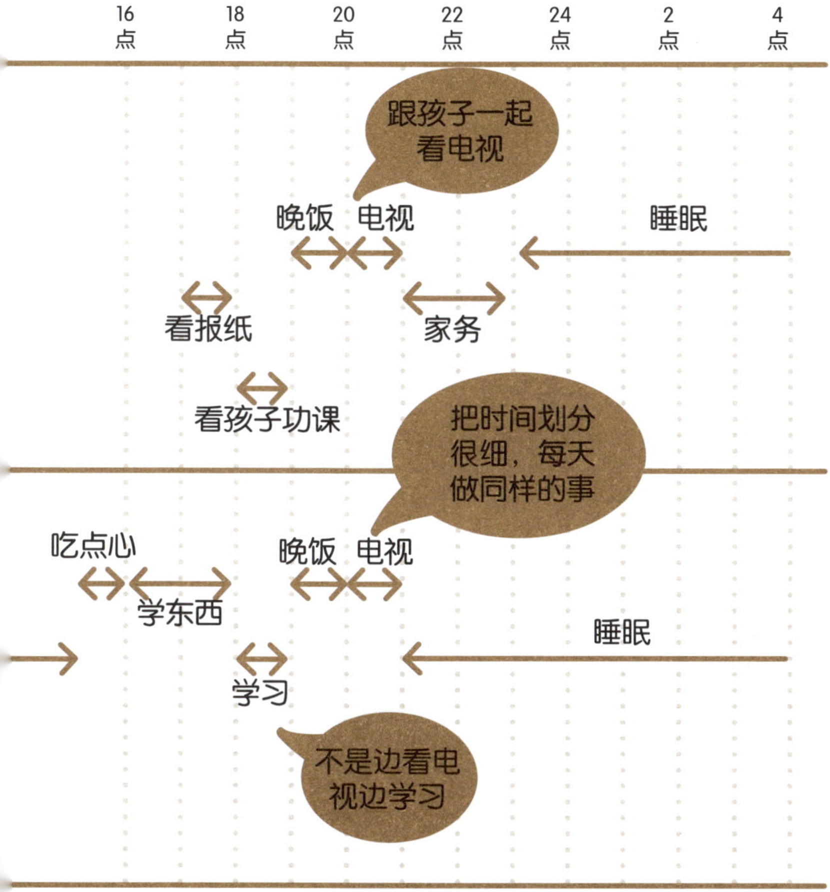

16点
18点
20点
22点
24点
2点
4点
跟孩子一起看电视
晚饭
电视
睡眠
看报纸
家务
看孩子功课
把时间划分很细，每天做同样的事
吃点心
晚饭
电视
学东西
睡眠
学习
不是边看电视边学习

9

“不够优秀儿童”的时间表（幼儿园孩子

妈妈	起床时间……6 点左右	就寝时间……23 点左右
孩子	起床时间……7 点 30 分左右	就寝时间……21 点左右

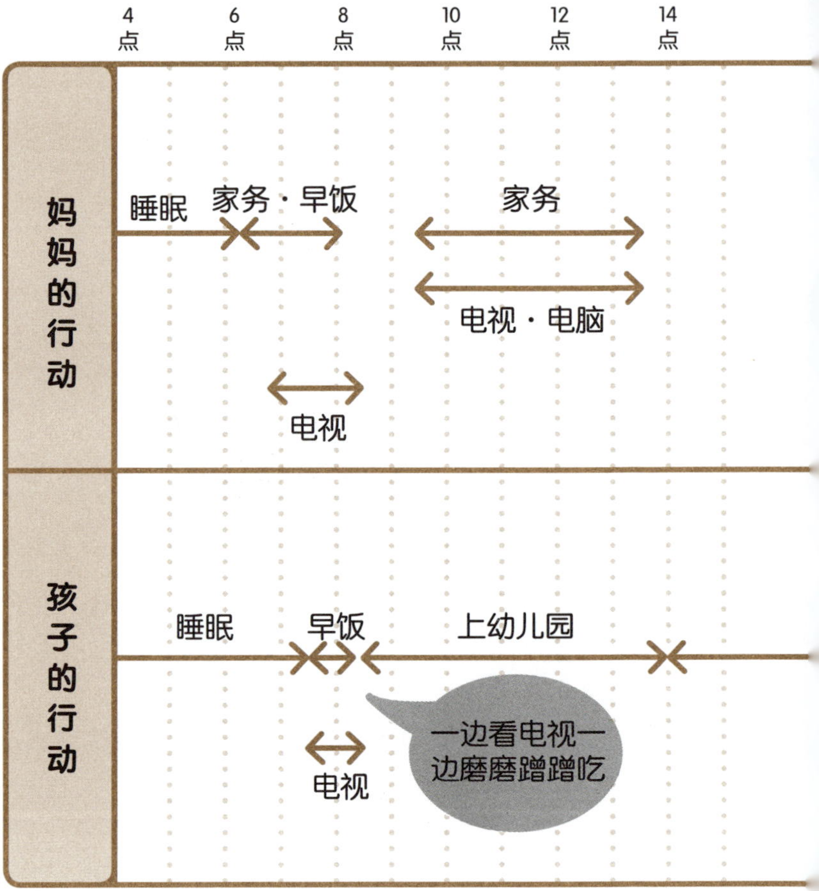

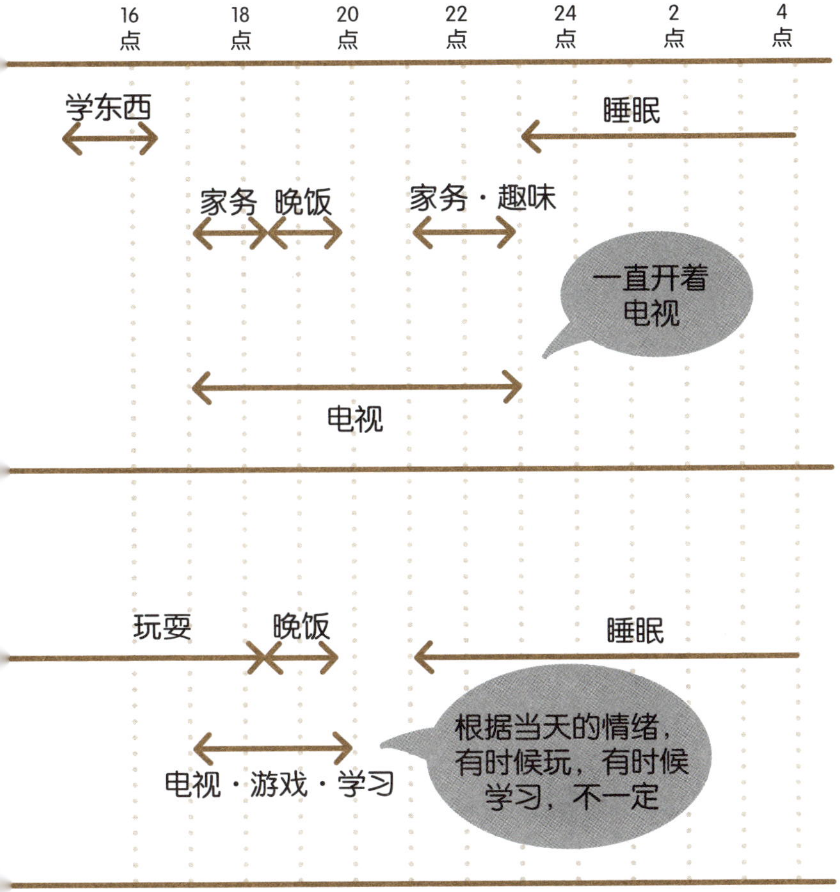
16点
18点
20点
22点
24点
2点
4点
学东西
睡眠
家务
晚饭
家务・趣味
一直开着电视
电视
玩耍
晚饭
睡眠
根据当天的情绪，有时候玩，有时候学习，不一定
电视・游戏・学习

“不够优秀儿童”的时间表（小学低年级学生

妈妈　起床时间……6 点 20 分左右　　就寝时间……23 点左右
孩子　起床时间……7 点左右　　就寝时间……21 点左右

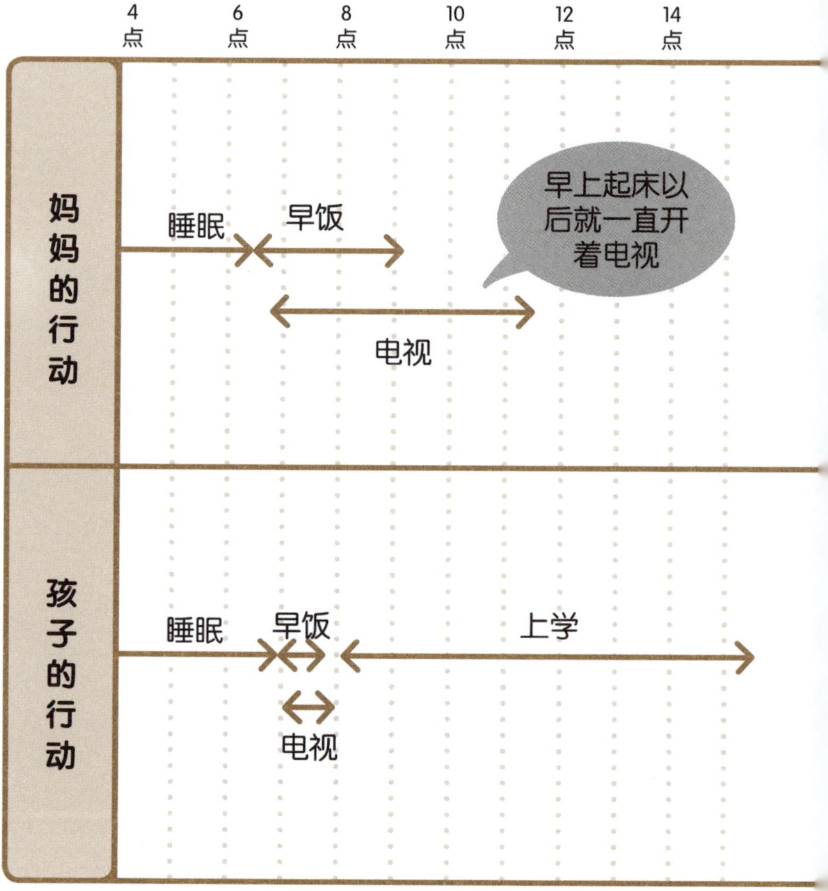

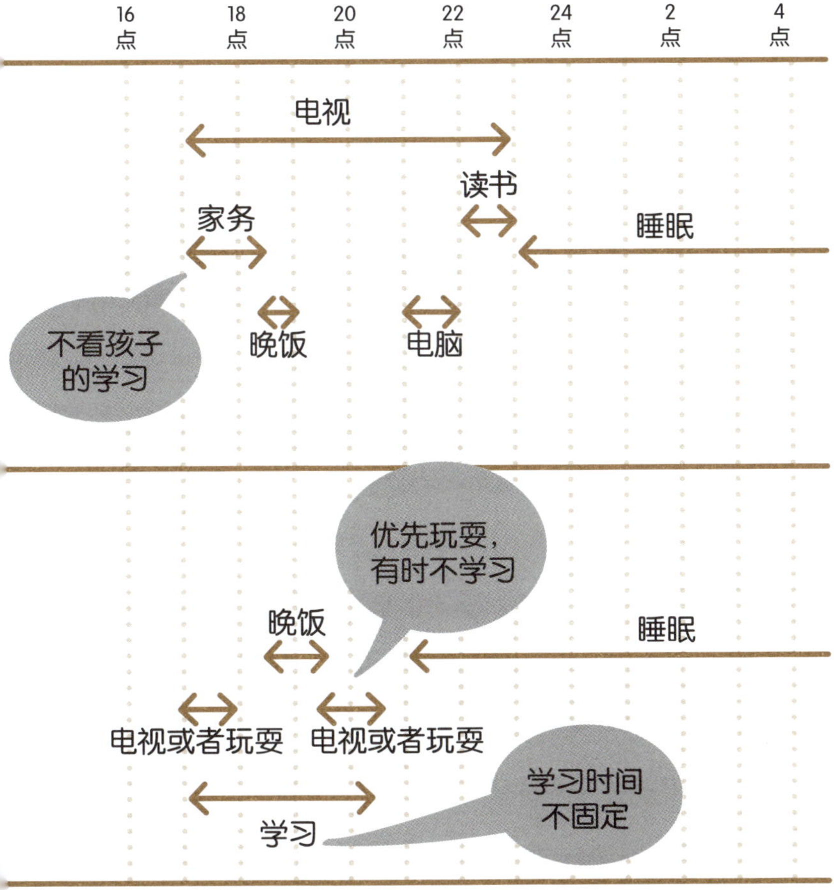
16点
18点
20点
22点
24点
2点
4点
电视
读书
家务
睡眠
不看孩子的学习
晚饭
电脑
优先玩耍，有时不学习
晚饭
睡眠
电视或者玩耍
电视或者玩耍
学习时间不固定
学习

看了“优秀儿童”和“不够优秀儿童”的时间表，你有没有发现一些不同？

对此我将会在书中做详尽的解说，不过，我最想提请大家注意的是，父母和孩子共同度过一些时光是很重要的。而且，陪在孩子身边的妈妈要像运动员的教练那样，鼓励孩子，正确地引导孩子。

如果只是一味地呵斥孩子，比如埋怨他们“你怎么不好好努力啊”“你就知道看电视，现在成绩下降了吧”，这样孩子是不会成长的。另外，挨训的孩子肯定很不好受，而不得不训斥自己心爱孩子的妈妈肯定更不好受。

所以，父母们不如好好地重新审视自己的生活习惯，和孩子们一起，按照“优秀儿童”的时间表来生活好不好？

这本书里的每个行动都是可以从今天开始的，何不让我们马上试一试呢？

第一章

孩子 10 岁之前父母要做 3 件事

父母与孩子共度美好时光

在前言中，我们看到了“优秀儿童”和“不够优秀儿童”的作息时间表。对话圈中的提示告诉我们，不够优秀的孩子，他们或者总是看电视看个没完没了，或者磨磨蹭蹭地做事，而优秀的孩子看电视的时间和吃饭、学习的时间都是分得很清楚的，从这些细微之处可以看到他们有很多区别。

其中，我最想强调的是，父母跟孩子共同度过一些时光是很重要的。

为什么这么说呢?

孩子看似没有整天盯着母亲，其实他总在认真地观察妈妈，把妈妈的一举一动印在了脑子里。更可怕的是，爸爸妈妈自己没有注意到的事情，孩子也都看在眼里、记在心上了。

如果我们把人也当作动物就好理解了。对孩子来说，自己和爸爸妈妈的关系就是一个最小的社会，父母是绝对的君主。父母是抚养自己的，他们当然占主导地位。

所以，为了让给自己食物的绝对君主喜欢自己，孩子对父母的一举手一投足都不放过地仔细观察，本能地从中寻找让他们喜欢自己的捷径。所谓的捷径就是模仿父母的行为。他们会认为：如果自己和绝对君主做同样的事情，肯定不会被讨厌的。

所以，对孩子来说最困惑不解的，就是父母的行动和他们的言论不一致的事情。比如：

妈妈对孩子说“别看电视了，学习吧”，但是自己却在看电视。这样的家庭是很多的。因为父母一定会想，孩子学习的时候正好是自己可以腾出工夫轻松一下的时候。但是，在孩子心中，他会觉得“反正妈妈在看电视呢，我看看也没关系的”。

于是，孩子出于本能，自然会选择轻松的捷径。这样的话，妈妈看电视的时候，孩子再怎么对着书桌学习，他的注意力也集中不到学习上，而是想着电视里的内容。

看了不够优秀孩子的时间表你也会发现，这样的孩子也跟妈妈一样，从小到大没完没了地看电视，甚至熬夜。

成为孩子的好教练吧

运动员在大赛来临之际都会与教练一起集训。集训最重要的目的是，与教练一起生活，让教练掌握选手的日常起居，对其身体状况进行调节管理，结果往往会使选手的成绩提高。不仅仅是跑步训练、肌肉力量训练，教练通过与选手一起度过日常生活来管理他的生活习惯，由此培养出更强的运动选手。

在这里，我们可以想一想马拉松的情景。马拉松要跑完 42.195 千米的漫长距离，据说如果一开始不跑在队伍的前头，最后是很难第一个冲刺的。也许你会认为，即使开始跑在后边也有可能挽回不利局面，但是，在实际的马拉松比赛中，这种情况是极其少见的。所以，要使马拉松选手在开始的 10 千米内紧跟跑在前头的人，培养他的“基础体力”十分重要。

开始的10千米内跑在前头的人，他会被其他跑在前头的人拉着不断地往前跑，渐渐巩固自己的位置。

同样，培养一个优秀孩子，也跟马拉松选手一样，大概在他10岁之前，父母要像教练那样培养孩子学习的“基础体力”，然后他就极有可能被同样的优秀朋友们带着跑向终点。

那么，如果一开始就拍着孩子的屁股让他跑，又会如何呢？——那样的话，会有可怕的后果。

没有基础体力的孩子如果一开始跑得太快，甚至跑到第一的位置，就没有力气坚持到最后，有可能中途放弃。所以，对教练来说，不仅要培养孩子进入领先者队伍的基础体力，还要让他具有跟领先者队伍一起跑向终点的“持久力”——这是教练的重要使命。

在学习上也是如此，首先要让孩子从小就具备在“优秀儿童”的队伍里一直学下去的持久力。这是父母的使命。

如果一开始没有进入领先者队伍，过后再想迎头赶上，成为学习好的孩子，是非常艰难的。跟落后的孩子在一起的话，总是觉得逃一天课也没什么，久而久之就有可能养成坏习惯。

另外，人其实还不是那种坚强到可以独自一人孤零零地努力的动物，如果他周围一个人也没有，只能靠自己，恐怕是不能成功的。只有在群体中被拽着往前走，才有可能发挥自己的才能。而且，通过跟紧领先群体的节奏，有可能更加增强自己的“学习持久力”。

培养孩子“学习好”的意识

在孩子 10 岁之前，要让他萌发“自己是学习好的”这种意识，这样，他就会为了避免从“学习好的孩子”的队伍中掉出来，从而自己越发努力。

以前一个大型出版社委托我们做过一个调查，调查对象包括小学生、初中生、高中生，调查的题目是：在哪个阶段成为学习好的学生。通过进行对

“学习好的孩子”的研究，得出一个明确的结论：学习好的孩子，是在小学四五年级的时候产生“学习好”的意识的。

产生“学习好”的意识的孩子，是不是就非常喜欢学习呢？大家一定都以为学习好的优秀孩子一定是喜欢学习的。但是，调查的结果显示，学习好的孩子并非都喜欢学习。

那么，为什么这些不喜欢学习的孩子却能够成为学习好的优秀孩子呢？那是因为，他们已经被牢牢地定在了“学习好的孩子”的位置上。

学习好的孩子，自己当然也认为自己很优秀。同样，他的妈妈、其他家人，还有朋友、老师，他周围的所有人都知道他是学习好的优秀儿童。

这时候，你想象一下这孩子最苦恼的事会是什么呢？他最害怕的事，就是此前建立起来的“学习好的优秀学生”的形象倒塌。这关系到自己的自尊心问题，所以他非常害怕自己的定位被改写。

因此，尽管孩子不喜欢学习，他却想一直保持“学习好的孩子”的好形象。由此他会一直保持高涨的学习热情。

那么，为什么不喜欢学习的孩子还能够学习好呢？一定是有人在一定程度上强迫他学习的。是谁呢？就是他的教练——妈妈。

其实，哪个妈妈不希望自己的孩子成为学习好的优秀孩子呢？希望是希望，但是总有学习好的孩子和学习不够好的孩子之分。从中我们可以看出妈妈到底有没有让孩子成为优秀儿童的执着之心。

不那么喜欢学习的孩子，他们为了不学习总是会想出各种各样的理由。

“我一会儿再做。”“我还有别的事情呢！”“我就看一会儿电视。”“我想跟朋友去玩。”

这种时候，强迫心爱的孩子去做他讨厌的事情，对妈妈来说也是件痛苦的事。于是，妈妈就会想，“还是让孩子自由自在地成长吧”、“让他成为一个自主思考的人吧”，或者“让他自己做主吧”，觉得这样是为孩子着想。很多人都是这样在不知不觉中找到借口。于是，无论妈妈还是孩子都觉得“明天开始也无所谓的”。其实，是自己选择了背离“学习好的优秀孩子”的轨道。

要想成为好教练，就不能给自己找任何借口。要让孩子萌发自己是学习好的孩子的意识，妈妈就要在孩子还没有这种自觉意识的小学低年级时期，就自己把这些借口都封上封印。

而且，妈妈们还要按照时间表上那样，重新审视生活习惯，争取像跑马拉松一样，早日把孩子送进领先者的队伍，成为孩子真正的好教练！

在下一章里，我们准备了一些问题，测试你是否具备一名好教练的基本素质。即使结果不好也不要灰心，因为读了这本书，你一定会成为一个好教练的！

妈妈和孩子的现况调查①

与孩子更多地接触

看了这个资料我们发现，优秀儿童的妈妈从幼儿园时代开始就会跟孩子有很多接触，而随着孩子年龄的增长，无论优秀儿童还是不够优秀的儿童，父母与孩子的接触都是越来越少的。

想要插手有关孩子的一切事情（百分比）

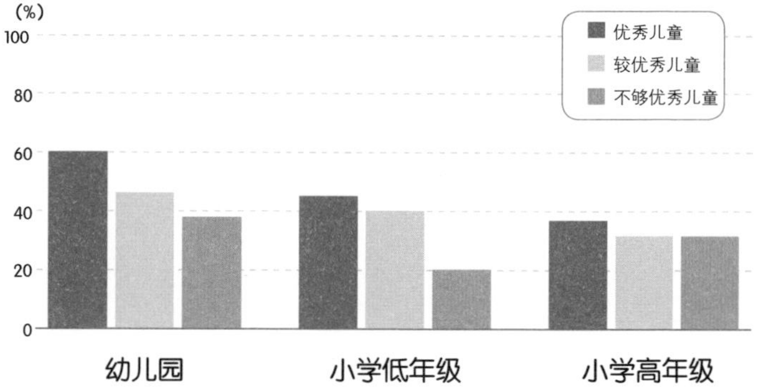

*“妈妈和孩子的真实资料”是根据对住在东京范围内的，家里有幼儿园到小学 6 年级孩子的母亲（共计 2347 名）的网上调查结果（2008 年 4 月）制作的。

第二章

测测你是哪种类型的妈妈

如何进行测试?

以下 24 个问题是用来测试妈妈是否能够成为优秀儿童的名教练。请在问题后面回答“是”或者“不是”（在上边画圈）。不用仔细考虑，轻松选择你的答案即可。

24 个测试题

关于妈妈自己的问题

Q1 总是将预定提前，想尽早完成任何事情（是，不是）

Q2 制订好计划再行事，对此很擅长（是，不是）

Q3 早饭总是在固定的时间吃（是，不是）

Q4 经常会没完没了地开着电视（是，不是）

Q5 一天的时间表都是定好了的（是，不是）

Q6 是比较严格遵守时间的类型（是，不是）

Q7 自己是比较擅长统筹安排的（是，不是）

Q8 自己小时候家里对晚上回家时间很严格（是，不是）

Q9 自己认为自己是小时候家教很严格的类型（是，不是）

Q10 看电视的时候事先决定好时间（是，不是）

Q11 就寝时间一般是定好了的（是，不是）

Q12 小时候，自己的暑假作业都是很认真地按着计划来做的（是，不是）

Q13 制订像“今天的计划表”那样的东西来管理自己的行动（是，不是）

Q14 即使制订了计划也经常不按计划执行（是，不是）

关于与孩子的接触

Q15 经常让孩子帮助干家务（是，不是）

Q16 孩子家庭学习（包括幼儿学习）时在他旁边看着（是，不是）

Q17 孩子熬夜的话严格处理（是，不是）

Q18 控制孩子看电视的时间（是，不是）

Q19 孩子家庭学习（包括幼儿学习）的时候父母不看电视（是，不是）

Q20 在旅行目的地也会让孩子学习（包括幼儿学习）（是，不是）

Q21 孩子在起居室学习（包括幼儿学习）（是，不是）

Q22 孩子经常会没完没了地看电视（是，不是）

Q23 孩子小时候给他读书听（是，不是）

Q24 让孩子有时间意识，告诉他到几点必须做什么事（是，不是）

分数表

问题号码	A 生活节奏	B 看电视	C 时间限制	D 安排·计划	E 行动管理
Q1				1	
Q2				1	
Q3	1				
Q4		−1			
Q5	2				
Q6				1	
Q7				1	
Q8				1	
Q9				1	
Q10					1
Q11	1				
Q12				1	
Q13					4
Q14		−3			
Q15			1		
Q16					2
Q17			−1		
Q18			3		
Q19			2		
Q20					5
Q21	1				
Q22		−4			
Q23	3				
Q24			1		
合计					

测试方法

①将分数表里 5 个竖列的数值相加

在分数表中，将回答“是”的问题号码右边的数值圈起来，最后将“生活节奏”、“看电视”、“时间限制”、“安排·计划”和“行动管理”等 5 个项目的竖列数值合计出来。

②根据“是，不是”的回答进行图表测定

在测定表上，从 START 的位置出发，根据自己的回答找到结果，以此判别自己是哪种倾向比较强的妈妈。

这是一个简易的测试方法，运用了一种人类行为特性的典型形式。通过做这个测试，大致可以判定妈妈是否可以培养出一个优秀的孩子。

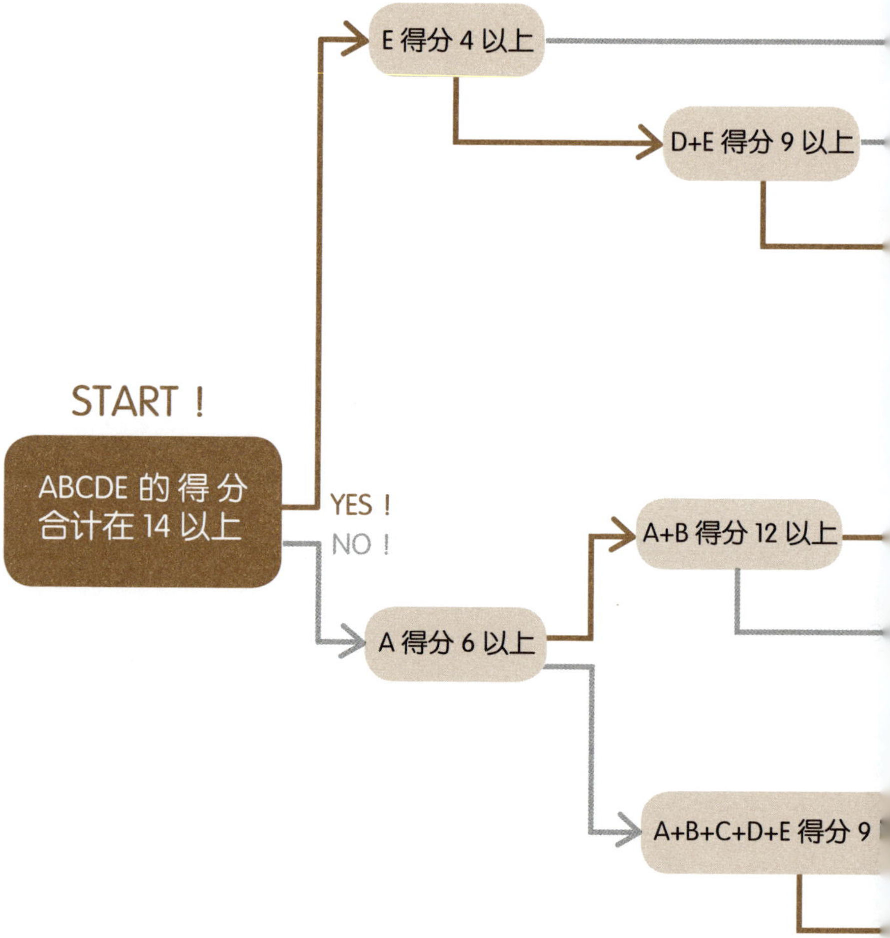
START！
ABCDE 的得分
合计在 14 以上
YES！
NO！
E 得分 4 以上
D+E 得分 9 以上
A 得分 6 以上
A+B 得分 12 以上
A+B+C+D+E 得分 9

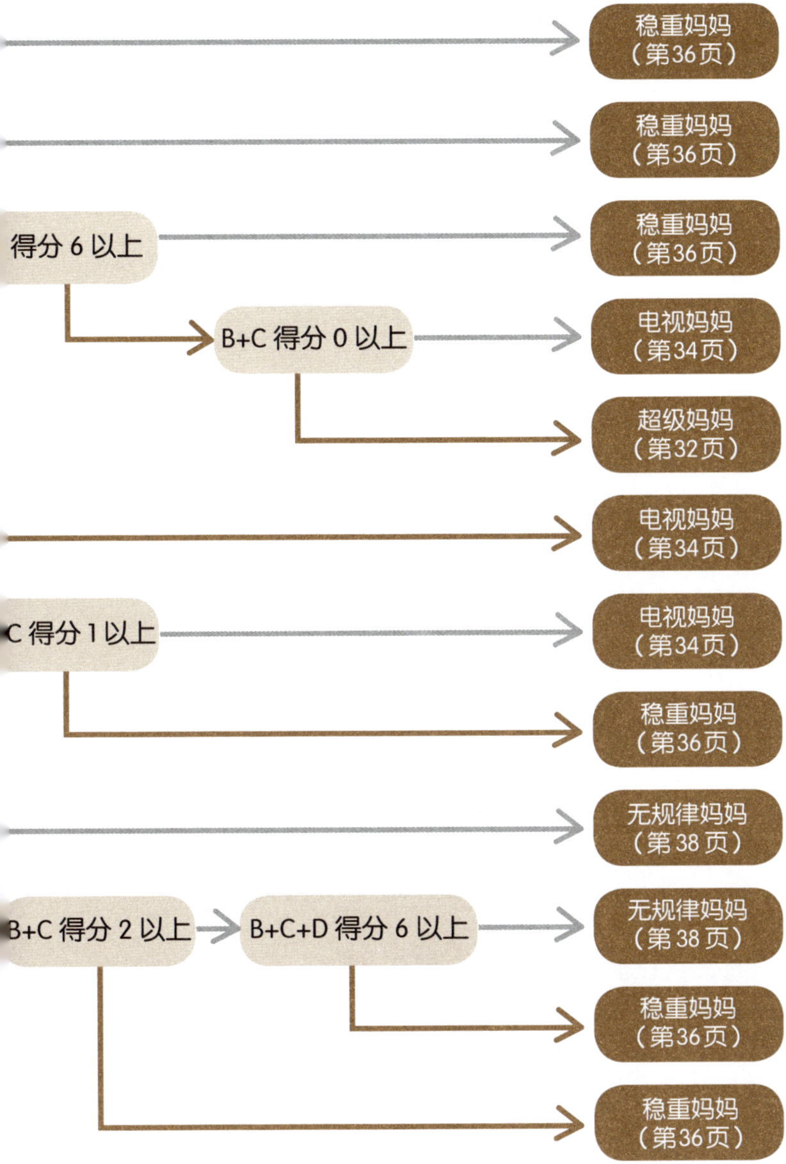
稳重妈妈（第36页）
稳重妈妈（第36页）
得分 6 以上
稳重妈妈（第36页）
B+C 得分 0 以上
电视妈妈（第34页）
超级妈妈（第32页）
电视妈妈（第34页）
C 得分 1 以上
电视妈妈（第34页）
稳重妈妈（第36页）
无规律妈妈（第 38 页）
B+C 得分 2 以上
B+C+D 得分 6 以上
无规律妈妈（第 38 页）
稳重妈妈（第36页）
稳重妈妈（第36页）

你有足够的素质培养一个“优秀儿童”！你可以继续贯彻现在的方式，没问题！

超级妈妈（稀有的名教练）

你无论在旅行中还是住宿在外面的地方，不管发生什么都保持一定的生活节奏。无论在平时还是在休息日都在几乎相同的时间起床、吃饭，你不会因为日子的不同而改变生活节奏。比如，即使在休息日的前一天，也不会在孩子睡觉之后熬夜。

妈妈和孩子都会定好每天看电视的时间，不会没完没了地开着电视，也不会一边做家务一边看电视。这样的妈妈一般也都是在家教很严的家庭长大，晚上回家的时间很严格，双亲也比较严厉，所以她们会严格遵守时间。

正因为如此，妈妈从小就对孩子灌输时间概念，告诉他们“到几点几点就干什么什么吧”。比如，即使是孩子玩他最喜欢的游戏机时也是如此。就算孩子央求“再玩一会”，妈妈也会遵守一开始规定好的时间，不让他再玩。

另外，这个类型的妈妈几乎都从孩子小的时候就开始给他们读书。而且，在孩子上幼儿园以后帮助他们进行幼儿学习；在孩子上小学以后，经常在旁边看他们写作业或学习。这些妈妈对孩子的行动管理可谓无微不至。

孩子上小学以后，她们会抱着“上了小学当然应该学习”的信念，彻底做到“孩子学习时候绝对不看电视”、“晚饭前一定让孩子完成作业”，等等。她们不会只是呵斥孩子，而是自己身体力行，主动做孩子的榜样。她们的特征就是，制订几乎跟“优秀儿童”的时间表一样的计划，无论平时还是休息日，都过着同样有节奏的生活。

这个类型妈妈的孩子，大都顺利通过幼儿园、小学以及中学的考试，升入有名的高级中学。

改进之后可以把握生活，孩子也会成为用功的孩子。

电视妈妈（远离电视就会成为名教练）

早餐在固定的时间吃等等，基本的生活节奏还是有的，但是，一涉及电视则完全乱了。一有想看的节目就无休止地看下去。

这样的妈妈由于经常开着电视，最终无所事事，没完没了地看下去。所以，虽然她们也定好了养成好的生活习惯的时间表，但是几乎没有按计划执行过，都沉迷在电视里了。

也就是说，生活的规律被电视的时间所代替，这是电视妈妈的特征。

电视妈妈一边看电视一边做家务，即使孩子学习的时候也毫不在意地开着电视，孩子自然也就养成一边看电视一边学习的习惯。

另外，孩子和他的朋友们一起打游戏的时候，即使没遵守当日的时间表，按规定时间结束，妈妈也不会呵斥他，让他去做作业或学习。

电视妈妈虽然看似严格地对孩子说“到几点你得做什么”，但是她自己最终沉迷电视，孩子也不会乖乖地听她的话。

在孩子的学习上，电视妈妈是全凭孩子自主的放任主义，有时候把孩子交给学校就不管了。

孩子看着这样的妈妈长大，于是他学习和玩耍的时间也没有明确区分，没有张弛。

电视妈妈不会强制孩子学习，总觉得“总有一天孩子会自觉地学习的”，对孩子的学习抱着乐观的态度。

这个类型的妈妈的问题是，虽然做了时间表，却抵挡不了电视的诱惑，制订计划而不执行。她们应该学习和培养目标管理的能力。

虽然有计划性，但是执行不够严格。

稳重妈妈（严格贯彻计划，会成为名教练）

这种类型的妈妈每天吃饭、入浴等等的时间大概都有规定，生活节奏比较平稳。她会把自己和孩子的日程都写在记事本或者日历上，以便有效管理。每天必做的家务也会在短时间内完成，效率相当高。

她们不会无休止地看电视，一般从几点看到几点就会关掉，或者只在吃饭时间看，吃完了就关掉。所以，她们不会为电视所累，受到束缚。

孩子也因此被规定好每天看电视的时间段，以及看多长时间，规定了就会贯彻执行。

但是，稳重妈妈有个问题，那就是对孩子不够严厉。虽然制订了日常生活的时间表，并想着按计划让孩子学习，但是关键时候常常心软。

她们会想，“孩子不喜欢的事情干吗要强迫他们做呀”，所以不会一心一意地对孩子的学习加以严格管理。

当然，无论哪个类型的妈妈，在孩子高高兴兴玩耍的时候都不想打搅他们，稳重妈妈尤其如此。所以，孩子跟小朋友一起玩得开心的时候，打游戏打得如火如荼的时候，她们不想说“快去学习吧”，而让孩子沮丧。

在家庭学习方面，她们基本上会陪在孩子身边，但是并不能把握孩子是否解决了问题，或者到底会不会做题目，而只是关心他们做到第几页了，即只是关心作业的进度。

稳重妈妈的目标管理能力和注意力集中能力都还马马虎虎。要想成为真正的超级妈妈，要加强自己的强制力。

相信孩子的自主性，自由自在地生活。

无规律妈妈（重新安排生活，会成为名教练）

这个类型的妈妈，她们小时候肯定在暑假行将结束时才匆匆忙忙赶作业。她们一般不会事先制订计划按部就班，而是到紧要关头才投入战斗一气呵成。

这些妈妈小时候的习惯一直延续至今，她们对制订计划、按计划行事比较挠头。她们更喜欢不被时间约束，自由自在地生活。

她们的家庭里也很少有一家人聚在一起吃早餐或晚餐的时候。休息日前一天妈妈和孩子都整宿不睡，第二天当然一起睡懒觉。而且，在家的时候都是整天地开着电视。即使制订了一天的行动计划表，也很少有按计划执行的时候。

在家庭学习方面，妈妈几乎不会在旁边看着，全靠孩子的自主性。

“作业做完了吗？”妈妈虽然这么问了，但是也不会彻底追究孩子到底做没做。无规律妈妈的孩子由于没有人强迫他们学习，有兴趣的时候就学一学，没兴趣的时候就干脆不学，所以，他们学习的时间没有规律，变化无常。而且，即使他们坐到了书桌面前也心神不定，不一会儿就会产生厌倦。

这么说来，无规律妈妈是离超级妈妈最远的类型。她们最有必要重新审视自己的生活。首先从制订时间表开始，渐渐地养成习惯，一点点地提高自己集中注意力的能力吧。

妈妈和孩子的现况调查②

和孩子一起读书吧

我们在各种场合都听到过这样的说法，读书给孩子听，可以陶冶他的情操，培养他的语言能力。在下表中我们看到，小时候是否有过家长给读书听的经历，影响着孩子以后是否可以成为优秀儿童。无论是幼儿园、小学低年级还是高年级的孩子，都是如此。

小时候，父母给孩子读书听

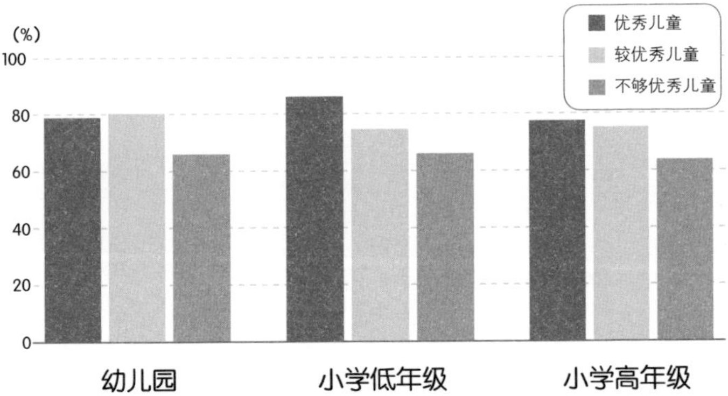

第三章

优秀儿童的生活习惯：目标管理篇

向成功的妈妈们学习，努力吧

我在前边讲到，妈妈要想培养一个“学习好的优秀孩子”，就必须成为一个好的教练。大家通过做前面的测试，大概已经知道自己离名教练到底有多近或者多远了。不过不用担心，不论是哪个类型的妈妈，只要有愿望，都可以成为好教练，培养出“学习好的优秀孩子”。

观察“优秀儿童”的时间表也可以看出，最重要的一点，是妈妈要与孩子的行动保持一致，也就是说，在生活马拉松中，妈妈要成为孩子的陪跑者。但是事实上，有很多家庭是双职工，妈妈与孩子不可能总是待在一起。这种情况下，妈妈要尽量利用在家的时间与孩子一起行动，而不是不管孩子，由着他看电视或者玩游戏。如果能做到这些，妈妈也可以成为一个好教练。

比如，妈妈下班以后，在孩子上床睡觉之前的这几个小时时间里，可以关掉电视，坐在孩子旁边看他写作业，或者读书给他听，或者一起解决一个问题……从任何事情开始做都可以。

下面介绍一些成功妈妈的例子，她们都培养出了学习好的优秀儿童，当然，也许不可能将所有这些例子都实行一遍。事实上，不用勉强。只要你学到哪怕一个成功的例子，你的行动都有可能改变，而一直观察着你的孩子的行动也必定会改变。

如果你认为“自己白天没时间陪孩子，晚上就让他自由自在的吧”，那就错了，这并不是真正的疼爱，这只是当妈妈的借口。对孩子来说，白天见不着面的妈妈晚上能陪自己，就是最大的快乐了。妈妈也许会觉得“那样太累啊”，但是，孩子 10 岁之前还是要坚持如此。因为这样你就是孩子的教练，帮助他培养了基础体力，使他能够跟得上领先群体，你的功劳无限。

优秀儿童拥有的“目标管理系统”

要想知道孩子小时候是否学习能力强，看看面临考试的大学生就能明白。

假设一个月后就要考试，而要学的东西有 100 页，只要在一个月内复习完，考试就能及格。

通过考试的学生首先做的是，计算一天应该复习多少内容。

但是，没能通过考试的学生，他们开始学习的时候并不设定以后每天要复习多少内容。过了两三天，当你问他以后怎么做的时候，他总是回答“还早着呢没问题”。你以为他说没问题就该是没问题吧，也就不管他了。过了两星期再问他：“过了半个月了，看你好像也没怎么复习啊，有没有问题啊？”他回答说：“没事的，不是还有半个月吗？”到了这个时候，如果 100 页的内容还没看到 50 页，通过考试已经有问题了，可他还是一副自信满满的样子。

最后，当只剩下一周时间时，他终于意识到来不及复习了。于是，他说“复习已经没用了”，就干脆放弃。

那么，考试合格的孩子是怎么做的呢？他们会根据考试日期和内容事先算出每天应该复习多少，然后按计划复习。一个月期满的时候他也正好复习完了这 100 页的内容，当然顺利通过了。

他们的区别在哪里呢？区别在于，小时候妈妈是否给他们大脑里输入了“目标管理系统”的软件。

所谓目标管理，就是要想实现某一目标，首先要设定每小时、每天要做到多少量才可以完成。如果从小就被灌输了这一意识，那么他不达到目标都难。

妈妈是否能成为好教练，也跟她是怎样培养孩子的这种目标管理能力有关。

在这里，我给大家介绍一些成功的个例。这些例子中的妈妈都成功地将目标管理系统输入了孩子的大脑，使孩子顺利升入了私立小学或者中学。他们的例子任何人都能够学习模仿。

成功实例 01

每天吃饭、洗澡、就寝时间都是一样的

讲述人：私立小学入学女孩的妈妈 A

从孩子小的时候开始，我们就制订每天的时间表，我和孩子都会照表行事。即使出去旅行，也尽量遵守。

上小学以后，我反而让她自己管理自己的时间，比如："什么时候洗澡啊？""这半个小时空出来了，你准备干什么呢？"让她自己按自己的时间生活。

快睡觉！
就今天晚睡会吧。
真是的……
不过只是今天的话就算了。
你的功课做不做呀？
就别做了吧！
今天休息啊！
就今天不做啊！
反正不是经常的事。
就今天不做！
今天

没问题吧？
没问题！
对啦！
下一项是洗澡啊。
在旅行目的地
该睡觉了啊。
好的。
制订计划真是很好玩呢！
！

解读：习惯是缓解痛苦的良药

孩子在上小学之前往往不能自己进行时间管理。所以，像A那样，妈妈先制订时间表，然后和孩子一起按计划生活，这是很重要的。

这时期最重要的是，不要制造例外。例外多了的话，不想早睡的孩子会想，“只有今天是可以例外的啊，上一次不也是吗”，他会满心期待例外的发生。

但是，如果没那么多例外，在孩子上幼儿园之前就让他养成好习惯，那么每天固定时间做固定的事，就不会成为痛苦，而是感觉很轻松。习惯是缓解痛苦的最好方法。如果能做到这一点，就是给孩子输入了目标管理系统的基础。

孩子上小学以后，就要给他灌输应用软件了。妈妈可以让孩子按照自己制作时间表那样，也来挑战一下。

按照已经制订的时间表，让孩子自己管理一下空闲的时间，算是逆向思考妈妈所给予的课题。也就是说，让孩子思考要达到一定的目标，每天需要做多少事情。

具备这个能力，孩子就不会做“考试前拼命熬夜，而考完就忘记”这种得不偿失的事；而且，会成为一个能够踏踏实实学习的孩子。

成功实例 02

每天早晨出门前，必定要学习一点东西

讲述人：私立小学入学女孩的妈妈 F

孩子从幼儿园到现在的小学，每天早上出门之前，我都会让她做一些汉字或者算术题，大概用 5 到 10 分钟，都是一些很简单的题目，孩子在上幼儿园阶段都不觉得这是学习，倒是更像玩智力测验的游戏，所以很开心。

上小学以后，我结合学校课本选了一些教材，每天都让她做一点，已经成为习惯，对她来说就像每天刷牙一样。即使我不说，她也会自己拿出题来做。

宝贝，看，
每天和妈妈做这个吧？
好啊！
练习
算算看，应该找多少钱啊？
我知道！
妈妈，该做题啦！
好的好的！
养成习惯的话就像每天刷牙一样。

解读：每天 5 分钟，在规定的时间内学习

我在前边提到，对大多数孩子来说，学习是件痛苦的事情。

那么怎样能缓解痛苦呢？方法有一个，把要做的事变成习惯，变成“理所当然”的事。运动员也是一样，他有每天跑步的习惯，所以他不觉得那是件痛苦的事。不过，如果是某天突然让他跑步的话，跑之前他也许会想“真是痛苦啊”。每天都跑步，就不会如此。那就会像 F 说的那样，跟每天必定刷牙一样。把行为习惯化，人的痛苦感觉就会减轻。

还有一点需要注意，人的脑子和肌肉是一样的。偷懒一天，回到原状就需要三天。

如果每天学习一点，不断地给脑子以刺激，脑子就会活化，经常保持最好的工作状态。

不一定非得每天早晨让孩子学习。可以是放学回来以后 5 分钟，或者睡觉前 5 分钟，总之，养成每天在规定的时间内学习的习惯就可以了。

成功实例

03

周六日和平时的生活节奏是一样的

讲述人：某大学附属中学入学男孩的妈妈 G

即使第二天是休息日，也不要养成头天晚上不睡觉，第二天睡到中午才起的坏毛病。周六日要保持与平时一样的生活节奏，就寝时间、起床时间都一样。

我们出去旅行的时候也是同样的时间就寝。不搞特殊，习惯就不会被破坏。所以，即使出去玩，孩子自己也会在同样的时间去睡觉。

bad!
平时
10点睡觉，
8点起床。
休息日时
一直看电视，
12点才睡。
休息日的早上，
睡到10点多。
真困啊！
good!
平时晚上10点
睡觉，
早上
7点起床。
休息日
也是如此。
去旅行的
时候也是如此。
晚安哦！

解读：每天以同样的节奏生活，就会具备时间观念

如果每天的生活都有一定的规律，就能养成时间观念，自觉遵守。但是如果因为是休息日就搞特殊，即使今天 OK 了，以后平常的日子里也会无意中绞尽脑汁再搞例外。

孩子远比大人想象的更聪明，他们的观察力很强，能够很快发现对自己有利的地方。他们观察父亲和母亲的脸色，瞬间就能判断谁能满足自己的愿望。所以，家长在孩子的教育问题上一定要保持一致的原则。

G 让孩子的时间表无论平时还是休息日都保持一致，即使出去旅行时也毫不动摇，这样就给孩子灌输了严格的时间观念。不仅如此，也借这个机会让孩子明白，爸爸同样不会由着自己的性子来。

成功实例 04

制订今天必须完成的事项清单

讲述人：私立女子中学入学女孩的妈妈 K

我让孩子自己写了一个清单，每天应该做些什么，比如写作业、预习、复习、帮助刷洗浴缸等等。将写好的清单贴在桌子上，放学以后首先确认自己要做的事情。

养成习惯以后，她自己回来首先做作业，以后一直如此。

像爸爸那样写个计划表吧！
好的！
练习
复习
画画
日记
预习
效率提高
这时候，爸爸也订计划……
好啦！
今天的
A公司
→C公司
→B公司
B公司
C公司
A公司
效率提高

解读：将计划写在纸上，就此管理自己的行动

孩子在纸上写出自己的计划，就像成人社会里做销售的写出当天的预定目标交给上司一样。大人也好孩子也好，通过自己写出计划，管理自己的行动。

让孩子自己主动地写在纸上，他自己就有了一种责任感，非常有效。

对妈妈来说，总是为同一件事呵斥孩子也是蛮累的，让孩子自己把计划写出来，用时间管理自己的行动，也可以减轻妈妈的负担。

成功实例 05

提醒孩子，并设定计时器

讲述人：都立中高一贯制学校入学女孩的妈妈 H

我女儿从小就爱玩游戏。如果不管她，她一下子能玩好几个钟头。于是，她玩的时候我一定会问：“要玩多长时间啊？”还给她设定好计时器。最长 30 分钟，有时候玩 10 分钟，或者 15 分钟，一般按她自己决定的时间设好计时器。

计时器响了，她的游戏也就结束了，开始学习。这样约定以后，孩子也开始遵守规定，不会磨磨蹭蹭地玩个没完。

玩游戏
30分钟
嘀嗒嘀嗒……
时间到
丁零零
啊？已经30分钟了呀？
学习30分钟！
完了
丁零零
真长啊！

解读：让孩子认识到同样是 30 分钟，感觉却是不同的

做喜欢的事和做不喜欢的事，同样是 30 分钟，谁都会感觉到这同样时间的不同长短。让孩子体会到做自己喜欢的事，时间会过得很快，这会使他更好地安排自己考试答题的时间以及考试前复习的时间。

“学习好的孩子”都会注意钟表，看看时间过去了多少。让孩子意识到时间飞逝，是培养学习优秀孩子的必需条件。要尽早让他掌握时间感觉。

成功实例 06

暑假时候制订全家人的计划表

讲述人：私立中学入学男孩的妈妈 L

暑假的时候，我们不仅制订了孩子的计划，全家人的计划都制订好，写出来贴在冰箱上了。

我想让孩子知道，不只是他自己，爸爸妈妈还有哥哥，大家都在为自己的目标而努力呢。要去听暑假讲座会很忙，所以我才让他开始订计划的，结果发现他学习的劲头因此而提高了。

我要贴到冰箱上的啊，把你的计划写出来。
好的！
这么一写的话
好像有好多啊！
爸爸
妈妈
优
我
大家都有很多事情要做啊。
好啦，大家去做啦！
不只是我啊，大家都够忙的。

解读：得到孩子的理解，可以减轻妈妈的负担

让孩子知道全家人的计划表，是减轻妈妈负担的一个方法。孩子在休息日的时候常常会问“为什么爸爸能看电视而我不能看？”大人的世界和孩子的世界从根本上是不同的，但是孩子却不这么认为，他们觉得自己和大人是站在同一条线上的。

如果把家里人的计划表都拿出来，孩子就会理解，爸爸妈妈和自己一样也有不得不做的事情。孩子就不会再找借口不学习，而是自己主动去学习。

妈妈和孩子的现况调查③

每天同样的时间吃点心

你是不是不管在什么时间，只要孩子饿了就给他吃点心呢?

“优秀儿童”和“较优秀儿童”的家长都会把吃点心的时间也放在一天的时间表内。睡觉、起床、学习，还有吃点心的时间都规定好，对培养孩子的时间管理能力是很管用的。

吃点心的时间“基本是规定好的”比例

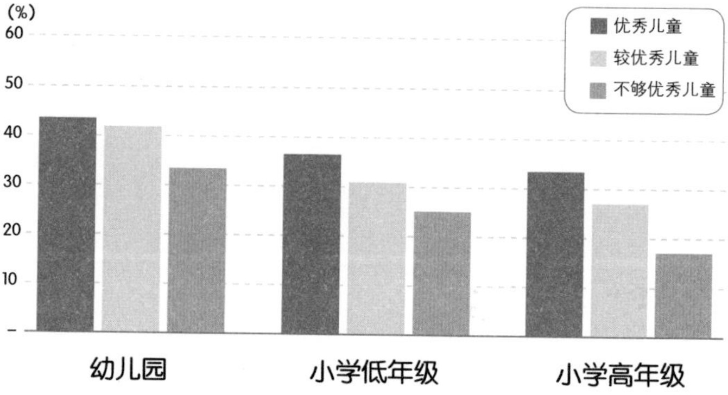

第四章

优秀儿童的生活习惯：集中注意力篇

锻炼孩子集中注意力的能力，但是不要让他感到厌倦

有名的职业运动选手、世界知名的音乐家、诺贝尔奖的获奖者等在各种领域独占鳌头的人，看他们的故事发现他们都有一个共同的特点，那就是注意力集中的优点。比如，一个钢琴家，一天中他会一直弹一个小节，直到弹好为止，决不往下进行。再比如，一个研究家，他会几天一直进行同样的计算，直到得出答案。

到问题解决为止一直重复同样的事情，这是一种注意力集中的能力，是成为一流人物不可或缺的条件。

你有没有说过“我家孩子注意力不集中，所以进行不下去”？注意集中的能力不是与生俱来的，它是在生活中自然地养成的。如果孩子从小就具备

了注意力集中的能力，这种能力就渗透到他的性格中，无论是在学习还是体育，或者任何其他方面都能发挥作用。注意集中能力是孩子一生的财富。

也许你会认为，“让这么一个闲不住的孩子集中注意力是件很难的事”。但是仔细想一想，孩子在喜欢的电视节目前是不是一坐就好几个钟头呢？这就是注意力集中。人类对自己喜欢的事情可以充分地集中注意力，其程度令人吃惊。所以，如果把学习变成一种让孩子能够专注于此的好玩的事情，他们在学习时集中注意力的能力自然会提高。不过，还有重要的一点要注意，不要让孩子感到厌倦。这里给大家介绍一些例子，既不让孩子感到厌倦，又能锻炼他们集中注意力的能力。

成功实例 07

学习中遇到困难，先换一个简单的题目转移一下

讲述人：私立小学入学男孩的妈妈 G

孩子都会有碰到解不开的难题的时候，数学语文都是如此，这时候硬着头皮解题的话，只是白白浪费时间，孩子的注意力也会下降。

我当时想，干脆让他解一个简单的，他以前特别快就做出来的题目。结果，他的注意力很快恢复了。他高高兴兴地去解那个做过的题目，这么过了两三天，先前卡壳的那个难题后来也顺利地解开了。

给你练习，
好好做啊
练习
失望
怎么做不出来啊？
再怎么想也
做不出来！
今天的题目也
许有点难啊！
嗯
嗯
真是
难啊！
从简单的开始
做怎么样？
两三天后，
很快解出来了。

解读：比起解出难题，能否长时间集中注意力更重要

孩子遇到难题吭哧吭哧地费了半天劲也解不出来，正打算放弃的时候，妈妈来一句“你为什么不明白啊”，这是绝对忌讳的。小学低年级的学生，正是锻炼目标管理能力和专注力的阶段，挑战不明白的事情几乎没有任何价值。

与其硬着头皮挑战不明白的难题，不如去提高专注力和持久力，这才是更重要的。也就是说，即使孩子的解题能力因此下降，也不要让他硬做，而应该让他转换到解决比较容易的题目。慢慢地，他就可以明白如何解那些解不开的题目，而这个时期让他做到集中精神解决问题才是最好的训练。

人类在解决问题的时候，第二遍总比第一遍快，而第三遍总比第二遍快。所以，反复解决同一个问

题——可以是简单的问题，是训练专注力的捷径。最近受到热议的 10×10 方格计算训练法，不管怎么样，从训练孩子注意力集中这一点上还是值得推荐的。

妈妈们凑在一起，总爱把自己孩子的教材拿出来互相交流，有的说："我家孩子都已经做到这里了。"有的说："我家孩子虽然上二年级，已经做到五年级的程度了。"她们以孩子做到多快多难为荣，彼此探讨。但是，其实这不是那么重要的事情。

学习好不好，并不是看进展的速度或数量。最重要的，是看孩子究竟能集中多长时间的注意力。孩子集中注意力的时间越长，说明妈妈这个教练越是称职。

有时候，听到妈妈对孩子说："这题目是很难，不过你要努力把它解出来！"这真的很荒谬！学习是不能硬花时间的。孩子感觉很难的题目，你让他硬着头皮花一个小时甚至更长时间去解，对培养一个"学习好的儿童"几乎没有什么作用。

那么，究竟什么样难度的题目才好呢？要以那种可以让孩子不费力地解出来的题目为主。在这些题目当中夹杂一些考虑一下才能解出来的、稍难的题目。

孩子在他们感兴趣的事情上，有着令大人吃惊的注意力。学习也是一样。如果孩子解答出了题目，他们会感到学习也是快乐的一件事。他们自然会集中注意力于此。父母的任务就是，给予他们可以增加注意力的东西。

所以，当孩子遇到解不开的难题时，他的注意力也会下降，这时候家长要给他换一个容易一些的题目，拉回他的注意力。这样做使得孩子的注意力保持集中，慢慢地他就可以解决较难的题目。到某个程度的时候，他自身就具备了基础学习能力。

成功实例 08

用计时器来检验学习的聚精会神能力

讲述人：私立中学入学男孩的妈妈 K

孩子从小记东西的时候，我就用厨房计时器给他记时间，说 10 分钟的话就 10 分钟，把时间分割好让他集中注意力。

现在孩子上小学了，做算术的时候，如果是一页题目就用 10 分钟，三页题目的话就用 30 分钟，大概都是以此为标准。他做的时候我会看着时间，如果发现他的注意力不像平时那么集中，我就让他休息一会儿再做。越到高年级，他的注意力集中时间就越长。

看到这个计时器了吗？
哈 哈！
已过10分钟
嘁嘁嘁……
经过30分钟。
听着计时器的声音能集中精神呢！

解读：妈妈的任务是把注意力集中数值化！

注意力可以决定孩子学习好还是不好，但是它不能像身高体重那样用数值表示出来。正因为眼睛看不到，我们很难判断注意力是提高了还是下降了。那么，可以帮助我们将注意力数值化的东西，就是 K 妈妈用的那种厨房计时器，或者秒表。

让孩子做题目的时候，每天可以用计时器来计算到底用了多长时间。算术可以用，语文也可以用。如果还没上幼儿园，比如让孩子记国旗的时候也可以用。这样，如果发现比平时慢了，就证明注意力下降了。这时让孩子做做深呼吸，稍微休息一下转换一下心情，然后再重新开始。

反复使用这种方法，注意力集中的时间会越来越长，也可以发现什么时候注意力会非常集中，什么时候注意力会有所下降。那样也可以自然而然地发现提高孩子注意力的方法。

那种秒表可以不用在厨房，而专门用在学习上。通过使用秒表让孩子知道“现在是学习时间啊”，由此来激发孩子学习的积极性。

大概很多人都知道，有一个大的学习私塾给学生们准备了练习书包。这也是为了让孩子们在带着这个包出来时意识到“现在是去学习啦”，这确实起到了很大的促进作用。

成功实例
09

让孩子反复做一本练习册

讲述人：私立中学入学男孩的妈妈 C

孩子都是容易厌倦的，他们喜欢不断做新的练习。但是，我家如果买了一本练习册，我会让孩子反复把它做很多遍，直到滚瓜烂熟。

最后，他甚至连题目都背得出来了。这也很经济哪！（笑）

得买新的练习册了。
练习
我做完了！
又做完啦？
嗬！
应该找回多少钱啊？
给了人家一千元，
这是以前做过的啊！
不知道啊！
再做一回试试吧！
真棒！
我已经做完练习了。
又做完了？那再做一回吧！！
啊，还做呀？
“良子去离家800米远的太郎家……”
我不看都会背题目啦！

解读：通过反复做某件事使记忆系统活化

“学习好的孩子”的学习方法有一个特点，就是将一本练习册反复做很多遍。而不是将很多练习册做来做去的。做到练习册最后一页，确实有完成了整个练习册的感觉，但是，就算做到了最后一页，是不是就理解了整个练习册并且记住了呢？如果再从头做一遍，你会发现有些做过的题目还是不会。

人类的记忆系统是这样形成的，它在一个信息的基础上，叠加新的信息，一点一点地有机地将记忆结合，于是不断地记住更多的东西。所以，第一次做练习册的时候，只能记住跟自己以前学到的东西有关联的地方。第二次做的时候，自然会发现有很多没记住的地方。那么，如果反复使用同一本练习册，一点一点能够留在记忆里的东西会越来越多。

这种状态持续下去，就会发生连锁反应，学到的知识不断增多。

从小养成这种习惯，由一件事情产生连锁记忆，孩子会越来越擅长这种记忆方法。这个能力越强，记忆对孩子来说就越容易。

所以，要想掌握记忆系统，给孩子一本教材就足够了。为了记住所有的东西，反复让他做同一本教材是一个不二的法则！

成功实例 10

学烦了的时候看 30 分钟电视，然后接着学习

讲述人：都立中高一贯制学校入学女孩的妈妈 T

我坐在孩子旁边看她学习的时候，发现她有时候转她的铅笔玩，很明显注意力不集中了。一般这个时候都是有她特别想看的电视节目的时候。

注意力下降，不用勉强让她继续学习，这时候干脆让她看 30 分钟电视。30 分钟过后，让她回来继续学习。

休息一下，看会电视吧？
好耶！
到了30分钟了啊！
好的！
可以集中注意力了！

解读：孩子注意力不集中的时候勉强他继续学习是浪费时间

孩子注意力已经不集中了还继续学习，那就成了浪费时间。作为一个好教练，妈妈的责任就是，在孩子不能聚精会神的时候让他停下来，休息一下，等注意力回来了再让他继续学习。

孩子因为惦记看电视而注意力不集中，不妨像T妈妈那样，让孩子看会儿电视，这也是一种办法。但是，别忘了告诉孩子，看到“多少分钟”一定要结束。

成功实例 11

把题目变成智力测试的形式给孩子做

讲述人：都立中高一贯制学校入学女孩的妈妈 S

我家孩子是个坐不住的女孩儿，平时对老师发下来的印刷材料题目根本不爱做。

于是我想了个办法，我把题目变成了智力测试那样的形式。因为孩子最爱看电视里的智力测试节目，我投其所好，把题目做成三选一，或者用画来引导她回答问题，如果回答对了就发出“哇！”的赞美声，答得不对就发出“噗——”的声音，搞得跟电视里一样。

就这样，本来很难集中精神、几乎闲不住的孩子，自从用了这种学习方法以后，她反而非常期待每天的学习时间了。

解读：快乐做题法是集中注意力的秘诀

正如我反复强调的，对于孩子来说，学习是件讨厌的事情。所以，他们不能长时间集中注意力于此是很正常的，妈妈们要理解这一点。而让孩子对学习感兴趣，为孩子创造这方面的条件，又是妈妈的任务。

其中一个方法就是出智力测试题，非常有效，孩子在娱乐中就解答出了问题。对于玩惯了游戏的这一代孩子，智力测试的出题方法似乎是他们最感兴趣的方式。特别是上小学之前的孩子，用这种方式一边玩一边学，就能将学习继续下去，可以当作提高专注力的训练。

妈妈和孩子的现况调查④

看电视的时间，周六日和平时一样

与上小学几乎同时，“优秀儿童”和“不够优秀儿童”的区别已经非常明显。优秀儿童从上幼儿园时期开始，每天平均看电视的时间几乎没有什么变化，这是重要的一点。而且，优秀儿童平时看电视的时间和休息日是一样的。

休息日孩子看电视的时间

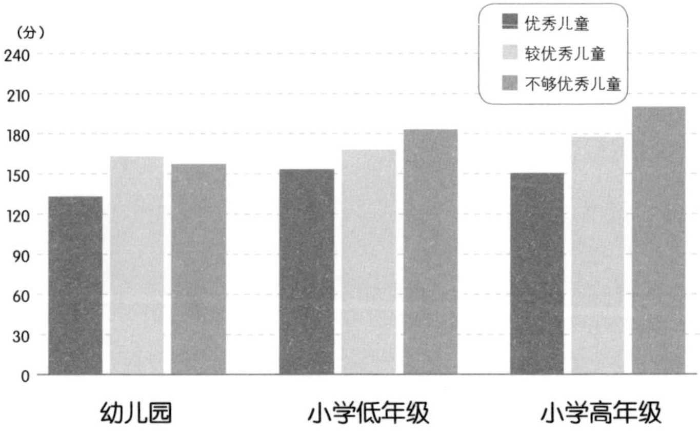

第五章

优秀儿童的美德：适应社会能力篇

培养一个在社会上受人爱戴的人

最近，走上社会以后因为不能适应，得了自闭症或者抑郁症，自己的身心都受到损害的人越来越多。其中，也包括在学生时代学习很好的人。就是说，很遗憾，学习好的优秀儿童走上社会以后未必就能取得成功。要想成为一个在社会上受欢迎的人，必须要具备“社会适应能力”，我将在以下篇章中介绍。

那么，什么是社会适应能力呢？简单地说，就是指对人的尊长顺序的感知能力。

比如，让我们看看家庭里的顺序是什么样的。三个人的家庭，正确的顺序应该是：爸爸、妈妈，然后是孩子。尽管如此，如果孩子说“我饿啦”或者“我想看这个电视节目”，是不是就优先满足他的要求呢？这就是破坏家庭内顺序的表现之一。如果这种状况持续下去，孩子不知不觉中就会认为在这个家中自己的意见是最重要的，自己是老大。

小时候孩子被灌输了这种观念，到了社会上以后他也会认为自己是老大，要是自己的意见不被采纳就不干了，如果被人提醒注意就跟人怄气闹别扭。

而且，即使爸爸妈妈再怎么努力想要锻炼孩子的目标管理能力和集中注意力能力，由于孩子已经搞错了尊长顺序，他们是不会好好听父母的话的。

为了不至于此，必须提前拿出对策。要我说，在训练孩子的目标管理能力和集中注意力能力之前，在日常生活中就要加强社会适应能力的训练。

这种训练并不难。看电视由爸爸控制，吃饭时候爸爸就座才开始动筷子……只要按照以前传统的日本家庭那种做法去做就可以了。

具备了社会适应能力的孩子，无论在什么场合，都能立即明白自己所在的位置和应该如何行动。在此之上，他若同时具备了目标管理能力和集中注意力的能力，那简直就是如虎添翼了。即使在这个弱肉强食的社会，这样的孩子也知道如何让自己生存下来，并且与强者为伍，受强者关照，社会地位也会不断地上升。

从这一点来说，所谓学习不只是书本上的东西。为了以后走上社会不至于困惑烦恼，在孩子 10 岁之前，别忘了教给他一些规范和思维方式的基础。

孩子能够自觉地学习，具备学习能力，对他们来说是件非常好的事。同时，没有哪个父母不希望自己的孩子进入社会以后受人喜欢，开心地活跃于各个领域。

所以，在每天的家庭生活中，父母要有意识地锻炼孩子的社会适应能力。其实社会适应能力所要求做的，都是一些谁都认为理所应当那么做的小事情。

成功实例 12

爸爸动筷子之前不让孩子动筷子

讲述人：私立小学入学男孩的妈妈 D

孩子小的时候，只要一有机会，我就会让他知道，在家里爸爸是第一位的。家里人一起吃饭的时候，如果父亲不说开吃，就一定会让孩子忍着不吃。

也许正因为这样，虽然孩子有时候会反抗我，但是他从来都会听爸爸的话。

我肚子饿啦！
爸爸还没回来哪！
可是我肚子饿了啊！
真没办法！
你的作业呢？
可是我不想做啊！
我肚子饿啦！
不行，还不能吃！
爸爸坐下以后才可以开饭！
（严厉）
开吃吧！
爸爸很厉害哦！

解读：让孩子具备家长意识，明确自己的位置

最近，虽然刚毕业就进入了不错的公司，但是干上一两年就辞职的大有人在。

到工作前为止，他们在学校、家庭里都是以自己的喜好来跟人相处的。但是，到了工作岗位，却不能因为自己喜欢谁不喜欢谁而选择相处的对象。因为他们不得不成为别人的部下，这种认清自己位置的教育也是很重要的，是家长必须要教给孩子的一个本领。

懂得自己所处的位置，知道周围的顺序，这样的孩子可以说将来是比较容易出人头地的。

那么怎样让孩子懂得自己周围的顺序呢？ D 妈妈的方法是，从小让孩子具备家长的意识。其实即使在动物王国里，也是最强大的先得到食物。

吃饭的时候最容易让孩子理解尊长顺序，比如祖父、父亲未入座之前，一定要让孩子等待，不能自己先吃。

以前的年代，这些本来都是理所当然的事情。大家在桌子旁坐齐了以后，说“开吃啦”，先给爸爸盛饭。

但是，现如今这种情景反而倒了过来。大家都觉得很麻烦，很多家庭让孩子先吃饭。这等于传达给孩子一个信息——“你是家里的老大”。

这样，孩子从小就认为他自己是老大，到了社会上以后别人不这么看他，他就会感到很不自在，于是总要尽快从那里逃脱出来。

不光是吃饭的时候，看电视的时候也一样，应该让最有权威的父亲掌握遥控器。家长应该记住这一点。

成功实例

13

用奖励让孩子达到目标

讲述人：私立男子中学入学男孩的妈妈 H

如果孩子做到了某件事情，我就会给孩子准备一点奖励，比如：他学习了 30 分钟，就可以玩一个游戏；或者帮助我干了什么，我就奖给他 100 日元。

没有奖励的时候，孩子一旦注意力不集中就会懒懒散散的；而如果有了奖励，他会一直努力地做下去，直到达到目标。

又走神了，这孩子！
啊——
我们这样如何？
如果学习够30分钟，就可以玩一个电子游戏！
好啊！我要学习啦！
效果不错……
我的目标：电子游戏
集中精力！

解读："奖励"可以削弱痛苦的感觉

即使是我们成年人，开会集中 30 分钟的注意力恐怕都很困难，更别说让小孩子那么长时间地集中注意力了。

要想减轻孩子那种难受的感觉，我前面说到可以将行为习惯化。在此基础上，我还推荐一种削弱痛苦感觉的方法，那就是给予孩子奖励。如果可以增强孩子的专注力，这种方法怎么用都不过分。我并不是要父母给孩子金钱做奖励。孩子们有各自喜欢的东西或者事情，父母可以充分利用这一点作为奖励，来提高他们的积极性。

成功实例 14

跟孩子说“这是爸爸给你买的”

讲述人：私立女子中学入学女孩的妈妈 W

孩子的父亲工作很忙，能跟孩子待在一起的时间也就是星期日了。

直接让孩子爸爸给她买礼物的机会不多，所以有时候给她买了什么东西时，我会告诉她：“这是爸爸给你买的哦。”

bad!
走，去买东西吧。
太棒啦！
游戏软件！
好，给你。
你帮我干活了，没关系啦！
谢谢妈妈！
妈妈真棒！
我赚啦！
听妈妈的话能有这样的好处呢！
good!
我想要本书！
好的，给你买了。
这本书可是爸爸买给你的哦！
是吗，爸爸很棒的啊……

解读：让孩子理解谁是自己的长辈和供养者很重要

在人类漫长的生存历史中，他们是群聚而生的。为了生存下去，了解谁是自己的长辈，谁是喂养自己的人，是很重要的。

但是，在当今的日本，家里父亲常常是工作缠身，喂养孩子成了母亲的任务，所以孩子会本能地以为“给我饭吃的是妈妈，妈妈最伟大”。其实，妈妈应该让孩子懂得“挣钱养家的是爸爸，爸爸是最棒的”，这很重要。这种从小就应该开始的训练，是为了让孩子长大成人进入社会以后，能够正确地意识到谁是自己的领导者，顺利地生存下去。

成功实例 15

从小培养孩子跟人打招呼、行礼的习惯

讲述人：私立女子中学入学女孩的妈妈 V

孩子学会说话以后我们首先教给她的就是礼貌用语。并且再三教育她，对自己的长辈和上级一定要主动打招呼，有礼貌。

孩子上小学以后不用谁教，自己自然地做到了对人有礼貌。

你好！
跟阿姨打招呼啊？
……
成为社会人以后
是新来的吧，习惯这里了吗？
啊，这是谁来着？
（战战兢兢地）
啊，嗯，差不多吧……
这家伙真没礼貌啊！
您好！
这孩子真懂礼貌啊！
成为社会人以后
还真努力啊！
是大家指导的结果。
（干劲十足地）
嗯……
虽然是新来的，还真是很能干呢！

解读：跟人打招呼是学习社会中上下关系的第一步

打招呼也是了解社会中居于上位的人们的必要行为。主动打招呼、行礼的行为，是提示自己不仅仅从思想上了解上位者，还可以通过身体来记住与上位者的关系。以前的年代，给上位者让路，主动跟上位者打招呼是非常自然的行为。

但是，现在的孩子们却认为他们自己才是社会中的上位者，因为他们从小的时候开始，只要自己一哭闹就没什么不可以到手的，长大以后理所当然地照搬这套。他们谁的话也不想好好地听，在这个由上下关系组成的社会中变得寸步难行。不要小看了跟人打招呼这件事，它是学习社会中的上下关系的第一步。

妈妈和孩子的现况调查⑤

做个善于统筹安排的妈妈

调查表明，越是优秀孩子的妈妈，越是认为自己是擅长计划安排的。正是因为她们善于计划安排，才会给孩子提供合理计划的一天作息时间表，这对于孩子的学习成绩显然会产生重要的影响。

妈妈认为自己是擅长计划安排的

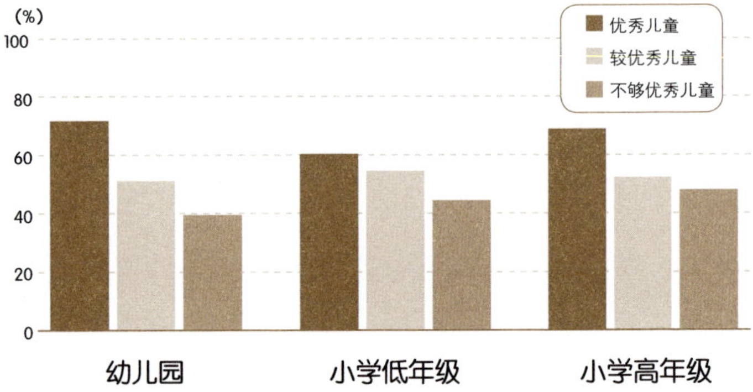

第六章

做到这 10 条，
你就会成为好教练

与其改变孩子，不如先改变自己

从我介绍的这些成功例子中，不难看出“学习好的孩子”父母的共同特点。

也许学习所有这些例子中的做法有些困难，但首先可以从自己能做的开始，即使只借鉴一个例子也是好的。这样，你就会发现父母和孩子的关系在慢慢地改变。而且，到那时，孩子也不会觉得学习是件痛苦的事了。

有的家长可能会说“我怎么说他都不学习”，因此经常为此而倍感焦躁。其实，与其发这种牢骚浪费精力，不如妈妈自己先变身名教练，带领孩子前进，这样更有成效。

这里介绍给妈妈们在日常生活中要注意的一些问题，只要遵守了这 10 条准则，妈妈很快就会成为孩子的好教练。

这10条准则并不是要加给孩子的，而是妈妈自己成为一个好教练需要做到的事情。

妈妈不要强行改变孩子，首先自己把这十条牢记心中，让自己成为一个好教练吧！这是培养一个学习好的孩子的捷径。

培养优秀儿童，妈妈要做到的 10 条准则

第 1 条
如果批评了孩子就要加倍表扬他

第 2 条
和孩子一起坚持到底

第 3 条
“到什么时候为止”——给孩子灌输时间观念

第 4 条
每天定时起床、吃饭、睡觉

第 5 条
尽量不要在孩子面前看电视

第 6 条
每天都问问孩子有什么新鲜事

第7条
准备好奖励，提高孩子的积极性

第8条
让孩子在父母看得到的地方活动

第9条
每天都坚持学习一点东西

第10条
让孩子养成习惯，减轻其痛苦感

第 1 条

如果批评了孩子就要加倍表扬他

你有很多理由训斥孩子，比如他总是磨磨蹭蹭不开始学习，总是回答错同一个问题等等。对孩子来说，学习是件不喜欢的事情。做着自己讨厌的事情还被呵斥，孩子肯定更觉得没趣了。

这时候，表扬是一剂特效药。孩子为了得到表扬，会坚持努力学下去，即使他讨厌学习这件事情。

第 2 条

和孩子一起坚持到底

妈妈让孩子学习，自己却看电视，玩游戏，这样是不行的。孩子会认为“只有自己必须做那些讨厌的事情”，他就更没有心思学习了。为了使学习这件事变得快乐一点，要让孩子感受到妈妈也在和他一起做着这件烦人的事情，这是很重要的。

不能让孩子感到自己孤军奋战，妈妈也要参加到学习中来，下定决心，与孩子一起坚持到底。

第3条

“到什么时候为止”
——给孩子灌输时间观念

要想培养孩子的专注力，必须要给他灌输时间观念，告诉他某件事情做到什么时候为止。这个时候重要的是告诉他时间的单位，比如一天、一个小时等。

要是做自己喜欢的事情，人们会觉得时间过得很快，做自己不喜欢的事情，觉得时间过得很慢。凭自己的感觉来判定时间长短是不确切的。如果养成按规定时间做事情的习惯，就不会受好恶的影响而统一规范起来。

第 4 条

每天定时起床、吃饭、睡觉

如果每天定时起床、吃饭、睡觉，那么被安排进这种生活习惯中的学习行为，自然也会成为习惯的一种。研究以前的许多调查结果发现，学习好的孩子几乎都在固定的时间就寝。就寝时间固定，起床的时间也固定，孩子的学习时间自然就固定下来。

所以，要想培养优秀的孩子，先从固定就寝时间做起吧，然后是学习时间，看电视的时间以及吃饭时间，吃零食的时间，都定时定点，严格执行。

第 5 条

尽量不要在孩子面前看电视

让孩子学习，妈妈却坐在电视前。孩子会认为妈妈很狡猾：“妈妈就可以看自己喜欢的节目，真是的！”要想看电视的话，可以与孩子一起在规定的时间内看，或者先录下来，孩子睡觉以后自己再慢慢看。

这种小事情对孩子的影响其实蛮大的，孩子认为“妈妈总是和我一起”，这种观念会深深扎根在他心田。

第 6 条

每天都问问孩子有什么新鲜事

对于做教练的妈妈来说，关心孩子，发现表扬孩子的由头，或者与孩子交流的由头，都是很重要的。所以，妈妈每天都要好好问询一下孩子当天的经历和体会。

问问孩子学校里发生的事情，和小朋友们的关系，他周围的环境等等自己在家里不能看到的事，就可以了解孩子周围环境中有没有什么问题存在，孩子自己是无法改变环境的，父母要帮助他找到改变环境的方法。

第 7 条

准备好奖励，提高孩子的积极性

谁也不愿意白做自己不喜欢的事情。特别是喜欢得到不喜欢失去的孩子更是如此。

所以，要对孩子说“学习完了可以玩 30 分钟游戏”，或者“学习完了可以出去玩”，准备好这样的奖励，让孩子放松一下。用这种办法可以提高孩子的学习积极性，同时提高他的专注力。

第 8 条

让孩子在父母看得到的地方活动

让孩子“在自己的房间里学习”，等于是说“在妈妈看不见的地方做什么都可以”。孩子本来就不喜欢学习，妈妈要是不看着他，他自然会做他自己想干的事。要是可能的话，最好到中学以后再给孩子独立的学习空间，而在此之前都让他在起居室里学习。

孩子在妈妈的眼皮底下学习，会有一种紧张感，而且更能集中精力。

第 9 条

每天都坚持学习一点东西

据说，如果一个运动员停止训练一段时间，他的身体恢复需要的时间，是他休息时间的 3 倍。那么，在学习上停滞的话，不只是能力会有所下降，好不容易养成的“习惯”中断了，要想再恢复回来就需要很坚强的意志。

所以我们要记住，习惯养成了就不要中断，否则很难恢复。养成这个每天学点东西的好习惯以后，不论是休息日还是旅行的时候，都要坚持这个习惯，不要半途而废。

第 10 条

让孩子养成习惯，减轻其痛苦感

“持续做讨厌的事情”，要想减轻这种苦痛，最好的办法就是把所做的事情习惯化。每天在同样的时间学习等量的东西，养成习惯以后就和每天要刷牙一样，成为一件理所当然的事，不会感觉到不喜欢做的痛苦。

为了让孩子养成习惯，有一段时期妈妈一定要看着孩子学习，至少在孩子小学低年级阶段，妈妈要在规定的学习时间内，坐在孩子身边看着他学习。这一点妈妈一定要记住哦。

结束语

为了培养一个学习好的孩子，要让他从小就养成规律的生活习惯，定时定点地做事情，这是很重要的。

这里所说的“学习好”的“学习”，并不是指培养创造力的学习，而是为了应对考试需要具备的对信息记忆和整理的能力。所以，要求孩子能正确积累和记忆所学的知识。

现代社会是信息爆炸的社会，比如参加医生的国家考试时，需要记忆的知识比以前要多出好几倍。

人类自古以来积累的知识和智慧庞大无比，现代社会所要求的人才必须先具备获取这些知识和智慧的能力，其次才是创造能力。要想短时间内把它们填进脑袋里是不可能的，只有让孩子从小开始一点一滴地勤勉积累。在这一点上，临阵磨枪是派不上用场的。

但是，踏踏实实、一点一滴地学习在常理上违背人的本性，“不想学习”是很正常的反应。期望孩子自己主动地做点什么，这种想法是不现实的，家长应该根据自己的意愿来管理孩子的行动。

做妈妈的肯定不想强迫不爱学习的孩子们学习，那样双方都不会有好心情。孩子总是想方设法逃避学习，妈妈苦于对付他们，自然也要绞尽脑汁。

在这种状况下，有些妈妈可能会说“应该尊重孩子的意愿”，“学习好固然重要，但是我更想让孩子成长为一个有爱心的人”，不客气地说，这些都是借口。反过来，如果你下定决心要培养一个“学习好的优秀孩子”，还要看你究竟能对这种培养孩子的艰辛过程忍受到什么程度。

过程固然艰辛，但是妈妈们要忍受的这种痛苦也不是不能缓解的。

让孩子生活得更规律，养成好的习惯，每天在规定的时间内坐在书桌前学习，即使时间不长也没关系。养成习惯以后，孩子和家长都感觉不到学习的艰苦。按照本书介绍的时间表行动，一定会有收获。

首先，妈妈和孩子一起来做个时间表，把一周内每天要做的事情写下来。另外，10 项准则也要一条一条地实施。不久，你一定会看到情况有所变化。

最后，我在此要为那些以本书为参考，准备挑战名教练的妈妈们加油！

为了本书的出版，请山本美和女士做了很多的采访，并从她那里得到了很中肯、恰当的编辑建议。还有钻石社株式会社的儿玉真悠子女士也在编辑及文章结构方面给予我很多好的建议，如果没有她们的帮助，就不会有本书付梓。在这里一并表示衷心的感谢。

中畑千弘

作者：中畑千弘

Media Marketing Network（MMN）株式会社董事长兼代表研究员

曾在富士银行株式会社，富士综合研究所株式会社从事市场调查、咨询工作，还做过电台节目编辑策划、消费者行动类型构建策划等等。其后参与MMN 株式会社的创立，做过 3000 件以上的市场调查工作。受到某大型通信教育公司的委托，参与调查研究孩子的学习行动、生活行动、媒体接触等项目。曾出版《关于中小学生家长的学习干预行动的研究》等书。现任朝日大学市场研究所教授。“关于学习行动以及家长的教育干预研究项目”委员。著有《通过 G 感性了解流行法则》（PHP 研究所共同著作）等。

主编：铃木博道

Media Marketing Network（MMN）株式会社会长

曾任富士综合研究所株式会社经营战略研究部部长，1993 年创建 MMN 株式会社。1990 年任朝日大学副学长。现任朝日大学市场调查研究所所长，教授。“关于学习行动以及家长的教育干预研究项目”委员。著有《通过G感性了解流行法则》（PHP研究所共同著作），《通过G感性看清你自己》（鳄鱼books）等。

协助撰稿：野坂广子

完成庆应异义塾大学法学部、研究生院，中央大学商学部研究生院，朝日大学法学部研究生院课程。法学博士，税理士。任公文学习教室SRS（英文速度，速解）讲师10年，任湘南学院、荣光学院、圣光学院、菲莉斯女学院等学生大学入学指导。曾有学生被庆应大学、早稻田大学录取。

松尾志郎

Media Marketing Network（MMN）株式会社研究员。

2005年毕业于东京大学理学部。著有《健康身体的基础：养生实践》（市村出版共同著作）

教养孩子从旅行开始
——央视少儿频道前导演的亲子旅行手记

央视前导演的教养秘籍
家庭教育专家、知心姐姐卢勤，央视新闻频道主播、《我的一本课外书》主持人顾国宁，郑重推荐！
旅行，让孩子变得丰富、自信、坚韧、强大！

作者：景蕾
定价：39.80 元
书号：978-7-5407-6721-1

关于本书

身为一名央视前导演，作者在双胞胎女儿 6 岁前，几乎已经带她们看遍了祖国的名山大川：在父母亲的故乡感受亲情的环绕，在异地他乡体会路人的温情，更在人头攒动处体察人情冷暖；曾徒步丈量标志现代文明的大都市，曾勇敢翻越陡峭的大山，也曾领略大海的浩瀚辽阔，更曾亲历极端气候的挑战……如今 9 岁的双宝贝，已经出落成两位出口成章、秀外慧中、人见人爱的小淑女。作为一名辣妈，作者积累了很多的话想要跟广大父母分享。本书尤其适合 0—7 岁孩子及其父母。

关于作者

景蕾，女，亲子教育专家、作家，曾是央视少儿频道导演，现为央视网特约主持人，新教育的特约讲师，中国电视艺术家协会会员，艺术人生影视联盟副会长。双胞胎女儿出生后，她辞去令人艳羡的工作，回归家庭做了全职妈妈。她坚信"旅行是最好的教养"，两个女儿 6 岁前，已游历众多名山大川。在她陪伴下，两个女儿获得喜人的成长，表达、写作、涵养等各方面表现不俗。她是一位真正用心陪伴孩子成长的妈妈。作为亲子教育专家及新教育的特约讲师，已受邀在全国各地做讲座超过 100 场。作品有小说《灵子的完美生活》、《青春菩提——看夕阳的灵子》等。

重磅推荐

如何让孩子人际力超群
——孩子想知道的 180 个交友秘诀

人际力强→孩子开朗自信，学习力倍增！
人际力弱→孩子焦虑畏缩，竞争力崩退！
8 项人际关系重点　32 道人际疑难解答
180 个好人缘养成秘诀
海峡两岸人气爆棚的王意中心理师，
青少年人际力培养的权威著作！

作者：王意中
定价：38.50 元
书号：978-7-5407-7873-6

关于本书

事实证明，孩子人际力强，则开朗自信，有着源源不绝的学习动力；反之若人际力弱，则会焦虑畏缩，竞争力崩退。人际力，在很大程度上决定着孩子的发展潜力和幸福感。

校园现场和亲子咨询经验丰富的王意中心理师，针对青少年人际交往中的普遍困惑，带领我们引导孩子修正、微调或转换原先的人际模式，创造出适合自己且与社会融合的人际风格，告别阴霾，走向光明的晴天。

关于作者

王意中，王意中心理治疗所所长、心理师、《亲子天下》杂志专栏作家。目前为止演讲场次已超过 1000 场，是许多家长与老师心中极为信赖的心理师。

著有：《为什么孩子要说谎？——心理师亲授的 210 个诚实力指南》《孩子不专心，妈妈怎么办？》《不吼不叫，激发孩子内在学习力》《拆解孩子的青春地雷》《谁让孩子变成失控小恶魔？——从情绪管理开始，教出讲理好孩子》《孩子不敢说的 40 个成长困惑》等。

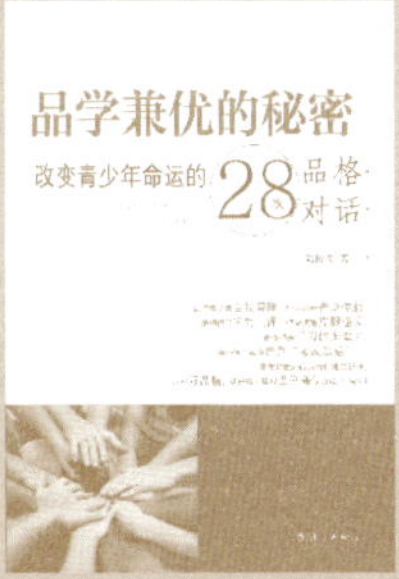

品学兼优的秘密
——改变青少年命运的 28 次品格对话

家庭教育的疗伤者、品格导师陆传文十年积淀，重磅出书！
有奇思、有妙法，带领孩子重塑自我、完美蜕变！
人大国学院常务副院长、百家讲坛嘉宾孟宪实，全国优秀教师、宽高教育董事长、畅销书作家王金战，诚意推介！

作者：陆传文
定价：40.00 元
书号：978-7-5407-7694-7

关于本书

中国品格教育创始人、著名精神品格导师陆传文老师洞悉中国家庭教育中的各种怪现状及其本质，用亲和的态度、广博的见识、睿智的语言、犀利的话锋，为正深陷成长迷雾中的孩子们涤清心灵的沉垢，帮助他们找回饱满的精神状态，重建正向完善的品格体系，以尚佳的状态应对学习和生活，轻松实现父母、孩子和老师长期以来对孩子们的期许——品学兼优。28 席充满智慧的对话，让青少年走出阴霾，实现成长中的美好蜕变。

关于作者

陆传文，中国教育委员会家庭教育专业委员会理事，国内品格教育权威专家，著名精神品格导师，规范化家庭教育、儿童青少年品格的倡导者和实践者，高级家庭教育指导师，讲师，专栏作家。现任北京宽高教育精神品格中心主任，北京电视台父母学堂嘉宾。从事家庭教育十几年，有丰富的理论和实践经验。曾在《中国教育报》、《婚姻家庭》等报纸杂志发表家庭教育案例分析指导文章数十篇。

玩出来的成长奇迹（上下）

——教育界魔法师阿涌叔叔体验式教育宝典

有体验，自然有成长！会玩耍，才最有希望！
专注体验式教育 30 年，坚持不走寻常路！
教育界魔法师阿涌叔叔教你如何让孩子玩出成长，玩成才！
继畅销 80 万册、曾掀起体验式教育狂潮的《让孩子从快乐到成功》后，阿涌叔叔再出新作！

作者：朱涌（阿涌叔叔）
定价：76.00 元（全两册）
书号：978-7-5407-7902-3

关于本书

本书是阿涌叔叔（朱涌）30 年体验式教育理念和实践经验的总结。阿涌叔叔的教育理念可以概括为一个关键词——体验。30 年来，他致力于体验式教育的实践和研究，以“给孩子一个舞台，给孩子一点经历，给孩子一点麻烦，给孩子树立信心，给孩子一些责任，给孩子一个集体”为主导思想，开展各种各样的体验活动，挖掘儿童、少年的各项潜能，使他们获得受益终生的成长。一拨又一拨的孩子们从阿涌叔叔这里顺利走上成才之路，成为各行各业的佼佼者。

阿涌叔叔的体验式教育仍在继续。本书详细记述了阿涌叔叔秉持先进的教育理念，设计众多独具创意的体验活动，让孩子们借此玩出自信、阳光，玩出引人惊叹的写作能力、学习力、创造力、表达力，以及令人折服的爱心、责任感和团队意识等等，其中折射的阿涌叔叔对体验式教育事业的专注、巧思以及对孩子们不绝的爱，令人折服。通过本书的阅读，相信您也会感受到阿涌叔叔体验式教育的独特魅力。本书推荐中小学生及其家长、老师以及其他教育工作者阅读。

关于作者

阿涌叔叔，本名朱涌，体验式教育专家。著有体验式教育专著《成长》《让孩子从快乐到成功》《孩子们在烦恼什么？》《做好自己》等。

1984 年，阿涌叔叔创办了中国第一份由少年儿童独立运营的报纸——《苗苗通讯》（后更名为“江海少年通讯”）。30 余年来，他让 8—12 岁的孩子们独立运营报纸，体验独立创办训练营的快乐，让他们自己当考官选拔、招募小记者，给老师、官员办讲座，出书，担任小主播等等。孩子们在快乐中感受着成才滋味，也实现着阿涌叔叔的教育理想。

阿涌叔叔 30 余年奉行的体验式教育以及由此取得的成果，使众多学校教育和家庭教育难以突破的障碍和难题迎刃而解，他的众多经典教育方法和案例在家长和老师当中广为流传，成为争相仿效和借鉴的对象。目前为止，已有西安、攀枝花、扬州、南通等地的多所中小学校被确立为阿涌叔叔体验式教育示范校。

懂孩子比爱孩子更重要

——畅销书作家梁旅珠教你读懂孩子

继《梁旅珠教养书——教出录取哈佛、斯坦福七大名校女儿的教养秘籍》《跟着梁旅珠教出好孩子》后，梁旅珠又推畅销佳作！

实操性 实际性 实效性

不学虎妈、不当狼爸，做懂孩子的好爸妈！

著名作家杨锦郁作序推荐！

作者：梁旅珠

定价：38.50 元

书号：978-7-5407-7647-3

关于本书

两年来，忧心如焚的广大父母不断就各种教养难题求教于梁旅珠，使她意识到，社会竞争的压力和父母的焦虑，使很多父母在爱孩子和教育孩子的路上走得日渐崎岖。该怎么让父母放下焦虑，营造更和谐的亲子关系，用爱创造孩子的成长惊喜？

作者十分怜惜父母舍不得孩子有一丝丝受挫、受苦的心，但她想提醒父母，相比如何爱孩子，请务必先关心“孩子需要什么”。如果孩子需要安静，请先收起你多余的唠叨，哪怕你确信那是逆耳忠言；如果孩子需要独立面对，请先收起你爱意满满的援手，因为独立生活是孩子内在发展的需要。孩子内心的需要和成长的需要，有时也许并不统一，需要父母用理智的头脑加以区分和协调。相信真正爱孩子的父母，一定可以读懂自己的孩子。

关于作者

梁旅珠，北一女、台大外文系毕业，美国宾州大学硕士，曾主持台湾第一个自制旅游节目《世界真奇妙》，获得新闻局金钟奖。

从小各方面优异的她，一对子女的表现也令人刮目相看。女儿 2010 年北一女毕业，同年录取美国七大顶尖名校，哈佛、耶鲁、斯坦福、麻省理工学院、普林斯顿、哥伦比亚、宾州大学，打破北一女创校百年纪录，女儿后来选择斯坦福大学。儿子于 2011 年进入加州大学伯克利分校就读。

目前担任明曜亲子馆负责人、呈熙文教基金会执行长，曾出版《那些旅行中的闪闪时光》《跟着梁旅珠教出好孩子》《梁旅珠教养书——教出录取哈佛、斯坦福七大名校女儿的教养秘籍》《浮世の绘——我和我的那些日本朋友们》《日本梦幻名宿——温泉、美食、建筑的美好旅行》《Kuli 好狗命——A Queen’s Dog》。

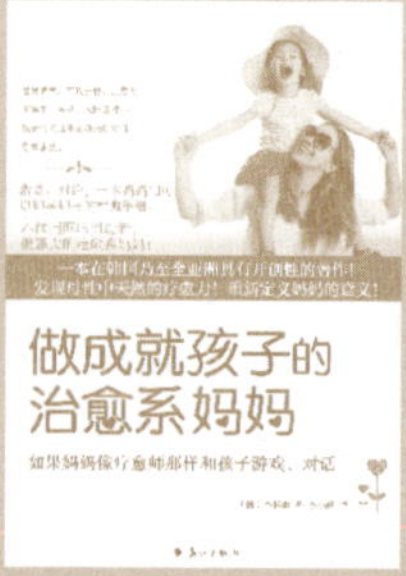

做成就孩子的治愈系妈妈

——如果妈妈像疗愈师那样和孩子游戏、对话

爱发脾气、有攻击性、注意力不集中、多动、
人际困难……
孩子的问题不必都向疗愈师、专家求助，
游戏、对话，一本妈妈们可以即学即用的疗愈手册。
一本在韩国乃至全亚洲具有开创性的著作！
发现母性中天然的疗愈力！重新定义妈妈的意义！

作者：（韩）李林淑
定价：40.00 元
书号：978-7-5407-7774-6

关于本书

妈妈们无疑是最爱孩子的，但遗憾的是在生活中最频繁给孩子造成心灵伤害的恰恰也是妈妈。一旦伤害累积成心疾，妈妈们首先想到向心理疗愈师和专家求助，但这能从根本上解决问题吗？

本书详细阐述了作为妈妈最适合做孩子贴身的心理疗愈师的理由及时间、地点、心态方面的准备，并列举了针对坏脾气、爱吵闹、有攻击性、注意力不集中、多动、人际困难、忧郁的孩子的妈妈行动计划，以游戏和对话为主要方式，具有极强的操作性和实用性，适合所有妈妈阅读和参照。希望通过本书，使妈妈们照见自己教养过程中的真实状态，并重新找到自己与孩子的最佳相处模式，与孩子共同进步！

关于作者

李林淑，1963 年出生于釜山，成均馆大学儿童心理学硕士，毕业后一直作为儿童、青少年心理治疗师和沟通专家活跃着。在各大咨询中心和学校、社会机构中利用图画书对孩子进行读书治疗，同时担任读书治疗研究所所长职务。2013 年其作品《孩子在慢慢长大，父母们却在说同样的话》当选文化体育观光部选拔的优秀教养图书。此外代表作品还有《妈妈的读书治疗》《让我家孩子喜欢学习的学习问题》《婴幼儿读书训练》等。